물 한 방울에 기대어

물 한 방울에 기대어

김명숙 에세이

산지니

물 한 방울에 기대어

 치열하거나 헐렁하게 늘어지며 내 몫의 시간을 살아냈다. 때로는 열정, 더러는 위로, 간간이 평안. 뭔가 있을 듯하여 쉼 없이 달렸다. 끝자락 다가와 내리려는데 그 무엇도 보이지 않는다. 왜 사는지, 듣는 이 없는 질문에 텅 빈 울림만 맴돈다.
 사는 데 해답이 있는 것이 아니라는 얘기. 물 흐르는 대로 살면 되는 것을, 애타게 헤맨 뒤에야 알게 됐다는 인생 지기의 말에 공감한다. 그래, 우리는 '그냥' 사는 것이다. 그냥 봄이 오고 그냥 가을이 오듯 그냥 사랑을 하고 그냥 머문다.
 힘든 시간 건너갈 때 다가온 마음쓰임이. 희

미한 온기도 서늘한 현실을 녹이는 마중물로 충분했다. 타인의 작은 관심으로 한 마리 여린 새는 나는 법을 배웠다. 덕분에 푸르렀고 많이 말랑해졌다. 누군가의 눈길, 파장은 하늘이 되고 바다가 되었다. 나의 하늘들에게 감사를 전하며 스쳐 간 생각의 조각을 소환해 다듬는다.

혼돈의 시간, 우리는 어디로 가고 있을까. 길 위에서 길을 잃어, 닿을 곳 헤매는 뿌연 운무 속에 반딧불 같은 작은 단상. 앞선 발자국에 지극한 마음으로 겹쳐 걷거나 새롭게 내딛으며, 깜냥을 다해 온기 한 방울 되려 한다.

시린 세상에 따신 물 한 방울, 실낱같은 흔적

일지라도 어딘가의 그에게 봄이고 싶다. 한 방울 물이 수천 년 빙하 위에 떨어진다 해도 그만큼이나마 속삭이는 위로가 되었으면 좋겠다. 걸리고 넘어져 멍이 들더라도 그래도 살아볼 만하다, 상처도 꽃이 된다 들려주고 싶다.

  온기 한 방울 토옥 떨구어본다.

  방울방울 모여 날개 되기를. 누군가의 마음에 젖어들기를.

김명숙

차례

물 한 방울에 기대어 — 5

1장 오솔길을 열다

운명 재해석 — 13

절반의 청춘 — 19

여름에 온풍기 쓰노라니 — 25

그 남자의 전화기 — 31

엄마라는 이름이 — 38

꼬꼬댁 꼬꼬 — 44

순대와 발롯 — 49

윈디고 돌려보내기 — 54

2장 그리움을 품다

신호등에 꽃이 피다 — 65

아, 31번 — 70

태양에도 특허를 낼 건가요 — 76

캠벨의 역습 — 81

파김치 아닌 파김치 — 86

자갈치의 품에서 — 91

그대를 벗이라 함은 — 97

부산 먹고 맴맴 인연 먹고 맴맴 — 103

나는 지금 연애 중 — 113

3장 평온을 담다

아무렴 어때 — 123

손 없는 날 — 127

옥황상제의 센스 — 133

달리의 시계 — 138

이브는 빨래를 했을까 — 142

생을 사랑하는 법 — 148

아만자 — 154

빨간 수의 — 160

1장
오솔길을 열다

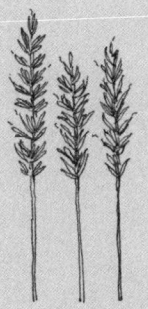

운명 재해석

숙이의 하루

외출 후 돌아오니 집 안이 찜통이다. 에어컨 대신 얼른 거실 문을 열어 바람을 맞는다. 커다란 미닫이문 사이로 시원함이 들어와서 기분 상쾌하다. 그런데 갑자기 거미 한 마리가 문틀 사이를 기어간다. 문 안쪽으로 들어가면 잡기도 힘든데! 구석에 숨으면 어디를 다닐지 몰라, 잠든 몸에 기어오를 듯 께름칙하다. 재빨리 신문지를 들고 나와 레일 밖으로 밀쳐낸다. 밀어낼수록 죽자 살자 안으로 들어간다. 나야 거실 밖으로 보내면 그뿐이라, 되도록 살려서 내쫓으려 했지만 할 수 없다. 죽어도 나는 모르겠다, 에라이! 더 세게 휘둘러 겨우 문 앞으로 밀쳐냈다.

몇 분간을 정신없이 끌어냈는데 거미 녀석도 대항이 만만찮다. 아니 대항이라기보다 사생결단 구석으로 도망이다. 사방팔방으로 휘둘려도 저 조그만 체구로 버티다니. 아무튼 끈기 하난 대단하다. 그리 살고 싶으면 얌전히 보내주는 대로 갈 것이지 웬 난리부르스람!

오늘 자 신문, 아직 보지도 못했는데 요 녀석 때문에 못 보게 생겼다. 신문지를 반으로 접어 휙 바람을 일으켜 문틀 중앙으로 끌어냈다. 이중 새시는 문틀 레일도 네 줄이나 된다. 한 줄 두 줄 넘을 때마다 혹여 구석으로 들어갈까 봐 마음 졸였다. 신문지를 요리조리 휘둘러도 녀석이 문틀에서 오그라들어 꺼내기도 힘들다. 손톱만 한 거미와 삐적삐적 땀까지 흘리며 씨름했다. 어쩜 그리 자꾸 구석으로 들어가는지. 요란한 실랑이 끝, 신문지를 틈새에 끼워서 휙 내던지니 한방에 튀어나왔다. 겨우 베란다로 쫓아냈다. 휴 다행이다.

베란다는 외부로 통하니 거미가 어디 가든 알 바 아니다. 이제 간섭 안 할 테니 일단 내 집으로 들어오지 말라고! 해결은 속 시워어언하게 했다. 근데 또 맘이 편치 않다. 베란다에 던져진 채 한 점 콩알이 되어 꼼짝도 않는다. 오늘같이 더운 날은 사람도 열사병으로 죽는다. 근데 뜨거운 햇볕 아래에서 미동도 없이 오그라져 있는 녀석. 아니 기껏 살려줬더니 타죽게 생겼구먼. 에고 귀찮아, 베란다에 놓인 슬리퍼를 끌고 다시 거미에게로 갔다.

손발(?)을 모두 오그리고 있어 생사 여부는 알 수 없다. 신문지로 휙 떠서 베란다 그늘 쪽으로 던졌다. 가벼운 녀석이라 던진다기보다 그냥 살짝 날려 보냈다. 그런데 땅에 닿자마자 화라락 기어서 화분 뒤로 숨는다. 아니 죽은 듯 쭈그러져 있더니 그새 힘이 났나. 어쨌거나 저도 살고 싶나 보다. 그럼 햇볕에 있지 말고 진즉 기어가지. 나만 귀찮게 하누 날도 더운데!

거미의 하루

나는 거미. 날이 너무 더워서 종일 구석에 머무는데 어디선가 시원한 바람이 살~랑 분다. 바람이 오는 곳을 향해 부지런히 기어갔다. 나만 보면 질색을 하는 사람들과 마주치기는 싫지만 더워 죽을 지경이다. 두렵지만, 살려면 시원한 쪽으로 가야 한다.

갑자기 거대한 바람이 몰아친다. 내 몸의 수십 배 되는 널따란 물체가 돌진해 나를 마구 뒤흔든다. 사생결단 안간힘을 쓰며 버텼다. 바람에 쓸리지 않으려고 길게 뻗어 있는 막대기 틈으로 들어가 다리를 한껏 뻗댔다. 구석에 숨을수록 바람도 세지고 물체도 더 다가와 들쑤셔댄다. 보이지 않는 손이 따라다니며 괴롭히는 것 같다. 어둡고 침침한 모서리. 들어가기 싫지만 싫고 좋고를 생각할 겨를이 없다. 우선 살고 볼 일이다. 아, 하지만 소용없다. 끈질기게 따라붙던 물체는 더 집요하게 따라왔다.

구석에 들어가려는 찰나 밖으로 나동그라졌다. 팔다리를 저으며 온 힘으로 발버둥 쳤지만 대항에 실패했다. 그래, 네 하고 싶은 대로 해라. 퍼진 해삼처럼 늘어져 저항할 기력도 없거니와 좌절이 겹친 절망감에 그냥 내맡겼다. 사실 더 이상 어찌할 바를 몰라 그냥 휘둘릴 수밖에 없었다. 널찍한 물건은 더 이상 대들지 못하는 나를 획 내동댕이쳤다. 이렇게 죽는단 말이지. 하지만 최선을 다했어. 마지막 힘까지 써버려 무력해진 나는 죽음을 생각하며 눈을 감았다. 그래 네가 이겼다….

어라 이게 웬일. 사나운 폭풍우가 잠잠해지듯 누구도 나를 건드리지 않았다. 모처럼 편안하다. 난 죽은 것일까? 다리를 슬금 움직여봤다. 죽은 게 아니다! 아직 살아 있다! 휘몰아치던 바람도 괴물체도 없다. 모두 물러갔나 보다. 그리고 너무도 평온하다. 이대로 조금 쉬어야겠다. 몹시 더웠지만 휴식의 유혹이 너무 달콤했고, 나사 풀린 듯 온몸의 힘이 빠져 꼼짝도 하기 싫다. 쉬자, 조금만 누워 있자.

이런? 내 착각이었다. 물러간 게 아니다! 괴물체는 다시 바람을 일으키며 다가온다. 보통 때 같으면 얼른 기어서 피했겠지만 더 이상 도망가지 않았다. 뿌리칠 기력도 없다. 할 테면 해보라지. 세찬 바람에도 손을 놓고 마냥 누워 있었다. 더 이상 어찌하기도 싫다. 운명은 왜 이리도 가혹한시. 신은 오늘도 내 편이 아닌가 보다. 어쩌라구! 나는 할 만큼 했다, 너무한 것 아니야? 소리치고 싶었다.

괴물체에 의해 공중으로 붕 떠서 날아갔다. 어찌 되겠지 하고 늘어진 몸을 내맡겼더니 갑자기 그늘이다. 아니 햇빛은 어디 가고 이리 시원한지. 그냥 누워 있기보다 어디론가 달아나야 되지 않을까? 놈이 또 공격할 수 있으니 몽롱한 정신 줄을 당겨 잡고 주위를 살핀다. 살 수 있으면 살아봐야지. 일단 옆에 있는 상자 뒤로 숨어야겠다. 휴 오늘 하마터면 죽을 뻔했다!

운명이란 생각보다 우호적일지도 모른다. 다만 제대로 읽지 못할 뿐.

절반의 청춘

    병원을 오가다 몸의 왼쪽 기능이 떨어진다는 말을 들었다. 한쪽이 기운다는 말에 오래 산 사람이 양쪽이 같으면 그게 더 이상하다 생각했다. 흐르는 대로 살자며 쓸데없이 오만했던 게다. 그 착각의 밑자락에는 감기 정도야 밥을 잘 챙겨 먹으면, 약 없이도 보슬보슬 살아나던 일상 때문인지도 모른다.

    오른팔 통증이 몇 달을 가기에 병원을 찾았다. 아니나 다를까 왼쪽도 문제라는데 당장 아픈 건 오른팔이라 그냥 흘려들었다. 아픈 오른쪽 치료 중에도 왼쪽을 움직이도록 노력하란다. 아니 이게 뭔 소린지. 본래 몸이란 그냥 두면 알아서 움직이는 것 아닌가. 걸으면 양팔이 번갈아 나가고 발도 제풀에 교대로 나서는 게 정상이지 않는가 말이다. 미릿속에 체육 선생님의 왼발, 오른발! 구령이 생각나서 키득키득 웃었다. 일상을 그리한다 생각하니 남의 일처럼 웃음이 나왔다.

물리치료 중에, 폐를 양쪽 다 움직이도록 신경 써야 한단다. 번뜩 떠오른 궁금증이 거를 틈 없이 툭 튀어나온다. "선생님 다른 사람들도 왼 폐, 오른 폐, 하며 숨을 쉬나요?" 환자의 질문에 웃음을 애써 누르느라 돌아서서 큭큭대더니 겨우 말을 잇는다. "글쎄요, 보통은 그냥 숨을 쉬지 않을까요? 잘 모르지만요." 최대한 내게 맞춘 대답을 들려준다. 아 호흡도 챙겨야 하다니. 조오금 신경 쓰였지만 숨 쉬는 게 불편하지 않은 일상이라 금방 잊었다.

운동 생각이 든 것은 가족 한 명이 재활로 많이 좋아진 뒤였다. 한 달여를 미루다 센터를 찾았지만 비용 생각에 덥석 내닫지는 못했다. 식구에게 쓸 때는 당연해도 정작 내게는 아까운 것이다. 하지만 예쁘려고 하는 '미용 성형'보다 '몸 성형'이 값도 싸다. 운동으로 몸이 변하면 건강에도 좋다. 이런저런 셈으로 퉁치며 돈이란 녀석을 마음 저 멀리 내쳤다.

큰마음 먹고 운동을 시작했다. 강사 또한 나의 양쪽 기능이 불균형하니 참고하겠다는 말을 한다. 영문도 모른 채 한쪽 몸만 혹사시킨 주인이 됐다. 자동차로 치면 한쪽 바퀴 없이 굴러온 셈이다. 그리 무리하게 부리다니. 펑크 난 바퀴가 달린, 겉만 번드르한 불량 자동차. 여태 무사한 게 다행이다. 감사하단 말 어디로 해야 할까.

운동 후 귀가 중에 지인에게 전화가 왔다. "응 이제 마치고 가는 중이야. 그런데 나는 한쪽만 제대로 움직였다네. 그게 무슨 말이야? 음- 왼쪽을 별로 안 쓰고 살았대, 그래서 반이 샌삐*야." 아하하 죽겠다며 웃은 그가 한 말, "정신차려라, 그건 한쪽이 제 기능을 못 했다는 소리야." "그래애 그러니까 내말이이, 한쪽을 안 쓴 건 맞잖아 그러니 샌삐지이." "야아, 니 생각이 놀랍다. 흡, 아무튼 좋게 생각하니 좋네. 운동 열심히

---

* '새것'의 방언.

해. 끊을게 으ㅎㅎㅎ." 뚜욱, 전화가 끊긴 뒤에도 그 너머 웃음소리가 여운을 남기며 팔랑팔랑 날아든다.

문득 궁금했다. 나는 언제부터 반쪽으로 살았을까. 하나씩 지난 일을 되짚어보면 이해가 되는 면이 있다. 왠지 물건을 들고 걷는 것이 싫었다. 친구들과 산에 가도 무게 있는 것을 메거나 들면 불편했다. 무게를 더할수록 불균형이 심해져 쉬이 피곤했나 보다. 한데 물건만 들지 않으면 요리조리 잘도 걸었으니 얌체가 따로 없었다. 예전 신체검사 때에도 폐 사진은 정상인데 검사 기구를 제대로 불지 못한다고 계속 반복했다. 한쪽 폐로만 대응한 셈이라 수치가 부족했는데, 부는 요령이 서툰 내 탓인 줄 알고 쥐구멍에 들어갈 듯이 미안해했다. 지금 알고 있는 것을 그때 알았더라면 좋았을 것을⋯.

인체의 신비는 참으로 경이롭다. 이 없으면 잇몸이란 말처럼 위가 없으면 장이 역할을 대신하고 한 곳에 문제가 생기면 다른 곳에서 돕는단다. 실제로 결혼 전에 위 대부분을 절제한 친구는 두 아이를 낳고 잘 살며, 오십 대에 대동맥 박리로 한쪽 신장을 잃은 지인은 이십여 년 무탈하다. 없으면 없는 대로 빈자리 메워가며 어떻게든 해결하는 기특한 존재가 신체다. 몸의 근육도 쓰는 정도에 따라 습관적으로 움직인단다. 나의 몸도 한쪽 근육이 약해지자 다른 반쪽이 부족한 만큼 더 열심히 일했나 보다.

진즉에 알았으면 반쪽이 고생을 덜 했을까. 어쨌든 알게 되어 다행이다. 어느 순간 와르르 반기 들까 봐 함께 가자고 사알살 달래는 중이다. 그런데 절반이 일을 못 한 것에 따른 이익도 있다. 이유야 어쨌든 '무리하지 못' 했으니 몸을 아낀 모양새 되어 여러 관절이 제법 양호하다. 문득 떠오른 생각 하나, '전화위복.' 나의 반쪽이 화가 아니라 복인 셈이다.

평소의 나 같으면 육십여 년 사용한 핑계로 기계(?)를 손보기보다 당연한 듯 여기며 살았을 터다. 그냥 세월 가는 대로 자연스레 나이 들고 싶었다. 한데 반쪽이 때문에 몸의 말에 귀 기울여, 적당히 기름칠하고 풀어진 나사도 요리조리 조이며 수리 중이다. 뒤집어서 생각하니 어려운 문제에 힌트 얻어 걸린 듯 마음 노긋하다. 남은 시간, 지근거림 없이 굴러가는 데 도움 될 테니 말이다.

두 배로 힘들었지만 묵묵히 건너온 반쪽이에게 한 수 배운다. 손 놓은 채 앞에서 넘치는 일거리를 나 몰라라 했을 외쪽 생각하면 저도 나도 힘들었을 게다.

반쪽아 미안해. 오른쪽에 왼쪽에? 아니 알아주지 못한 둘 다에! 어쨌거나 나의 반은 아직도 청춘이다.

여름에 온풍기 쓰노라니

한여름 집을 나서면 천지가 온풍기 세상이다. 시원한 구석에라도 들라치면 더운 바람을 뿜어내는 실외기가 온풍기 되어서 저 먼저 앉아 있다. 숨이 턱턱 막히는 더위에 맹렬하게 더운 바람을 뿜으니 온풍기가 아니라 숫제 열풍기다.

올여름 불볕더위는 우리를 제대로 한 방 먹였다. 태양의 막강한 위세 탓에 에어컨을 맴돌며 살아서, 여름이 여름값을 하지 못한다. 에어컨 빵빵한 지하철이나 버스를 타고 약속 장소에 가면 실내 역시 에어컨으로 시원하다. 그 '시원'을 만드느라 더운 바람을 뿜어내는 실외기. 가뜩이나 더운 날에 더운 바람이라니. 같은 날에 실내에선 냉풍기, 실외에서는 온풍기가 되는 에어컨의 두 얼굴.

역대 최고의 더위지만, 올해가 제일 시원한 여름일 것이라는 둥 점차 심해질 폭염에 마음 무겁다. 왜인지 냉정히 돌아보면 우리의 모습이 보인다. 더위에 맞서 찬바람을 만드느라 그만큼의 온풍을 쏘아댔다. 훼손시키면 상처로, 보존하면 선물로. 자연은 정직해서 묻는 대로 답한다. 더위에 더위를 얹었으니 지구는 견디기 힘들었겠다. 그럼에도 이리 더운 적 없었다며 자연 탓을 한다.

삼한사온에다 봄가을이 뚜렷한 사계절이었다. 근래는 어찌된 영문인지 찬바람 물러난 봄인가 하면 불쑥 나타난 여름이 오래 머물고, 온 둥 만 둥 가을 뒤에 겨울이 달려온다. 따뜻하고 덥고 시원하고 춥고. 내가 기억하는 계절은 이랬는데 지금은 더위나 추위로 양분되거나 이도저도 아닌 희끗한 계절이 맴돈다. 그럴 때면 곡식도 과일도 제대로 익지 못해 땅에 사는 이들의 한숨이 하늘을 덮는다.

여름이 덥긴 했으나 한편 시원함도 달고 다녔

다. 시원. 얼마나 은근하고 숨 트이는 말인가. 그늘 무성한 나무 아래 누우면 볼을 간질이는 달싹한 바람. 싸한 찬바람이 아니라 그야말로 시원한 바람이다. 불덩이 태양이 사라진 저녁, 큰댁 개울에 몸을 담그면 뼛속까지 서늘해져 부르르 이를 떨었다. 더위가 기승을 부려도 먹 감는 시원한 어스름을 생각하면 그런대로 견딜 만했다.

어릴 적 여름은 매양 덥기보다 사이사이 끼어든 선선한 기억이 상큼하다. 여름이 시원하게 기억되도록 만든 한 풍경, 수박화채. 붉은 속살을 둠벅둠벅 긁어 양푼에 담고 얼음과 설탕을 넣으면 맛도 맛이지만 양도 늘어나 동네 나눠 먹기 딱이다. 얼음 섞인 달큰한 수박 한 통 먹은 뒤면 며칠은 예사로 넘겼다. 이겨내야 하는 걱정의 계절이기보다, 더불어 즐기면 되었던 여름. 오는 대로 맞이하고 가는 대로 보내면 된다.

방학 때 할머니 댁에 가면 보리쌀 한두 되 이고 수박 밭에 갔다. 현금이 귀한 시골은 대개 쌀이나 보리로 물물교환을 했다. 마을 근처에는 수박이 없으니 꽤 먼 거리였을 것이다. 걷기에 더운 날이었는데도 멀다는 기억보다 수박 생각에 신났던 걸음만 떠오른다. 원두막에 다다르면 햇볕에 따끈히 익은 수박이 쩍 소리 내며 갈라졌다. 빠알간 속은 연분홍 분까지 피어 입안에서 사르르 녹았다. 대개의 수박밭 주인은 보리쌀 값어치와 상관없이 남은 식구들을 위한 수박 한두 덩이를 들려주었다. 기다릴 식구 생각에 나는 듯이 돌아왔던 그날의 기억은 무더위가 아니라 즐거움이 남실대는 여름이다.

맛보다는 일단 차가움이 대세인 요즘. 더위를 토닥일 아량은 없다. 냉장고를 끼고 더위를 부정하며 뭐든 차게 먹는다. 수박도 냉장이 필수라지만 참맛을 모르는 말이다. 갈증 날 때 찬물보다 더운물이 나은 것처럼 수박도 실온 그대로 먹으면 목마름이 훨씬 가신다. 냉장하면 달큰하고 파삭한 맛을 느끼기도 전에 찬 맛이 먼저 달려온다. 본맛 위에 군림하는 시원한 맛. 아니 찬 맛은 제철의 맛을 덮어버린다. 옛 생각이 떠올라 수박을 냉장 않고 먹자 하면 휘둥그레 쳐다본다. 밥 대신 생쌀 먹자는 듯 생뚱맞게 들리나 보다.

십수 년 전 유럽 여행을 한 적이 있다. 선진국이라지만 대개의 식당은 에어컨이 없고 문이 활짝 열렸거나 야외 테이블을 썼다. 우리 일행은 참기 힘들었지만 며칠 체념하다 보니 그런대로 지낼 만했다. 더위에 끈적이는 피부를 못 견뎌 했지만 어쩌랴 돌아올 수 없는 것을. 부끄럽게도 이제야 안다. 어리석었음을, 그들처럼 자연과 더불어 사는 지혜가 없었음을.

'더우면 땀이 난다.' 지극히 상식적이지만 인정하려 들지 않는다. 자연을 향한 다독임이나 기다림을 잃은 지 오래다. 스위치 한 방에 찬바람을 부르고 땀 흘리기를 거부한다. 가급적 여름에 불을 덜 쓰던 예전과 달리 지금은 뜨거운 화로를 집단으로 켠다. 여름 식당, 불어오는 바람 같은 건 없다. 꽉 닫힌 창문, 이글거리는 불판. 헉헉대는 에어컨 따라 맹렬히 작렬하는 온풍기. 결코 이길 수 없는 자연, 여름 불에 불을 얹어 괴물 화력을 만드는 우리.

지구 생명체의 양식을 익히는 거대한 불, 여름. 따끈함으로 벼도 익고 과일도 익고 다람쥐의 도토리도 익는다. 이 불이 노니는 길목에서 불 따위는 필요치 않다며 두 팔 치켜들고 에어컨으로 막아선다. 하루살이 인간의 어리석은 오만함. 여름을 내치고 무엇을 할 수 있을까, 상상만으로도 두려워 슬그머니 고개 떨군다. 에어컨, 정말 필요할 때 미안한 듯 자연 앞에 내미는 지혜가 있었으면.

8월의 건물, 안과 밖은 다른 계절이다. 하루에, 같은 시간에 두 계절을 살아가는 인간의 어긋난 발버둥에 자연은 어찌 답할까. 다시 자연의 삶으로 돌아갈 수 없지만, 함께 어울리길 꿈꾸는 오늘, 창문을 열고 자연의 선물인 바람을 초대한다.

여름 안에는 시원한 바람도 있고 매미도 있고 오이도 있고 해 질 녘도 있다. 덥다! 한마디로 뭉뚱그려 보낼 계절이 아니다. 수박도 익는 여름.

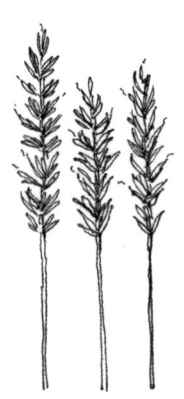

그 남자의 전화기

'멀리'와 '소리'란 뜻의 그리스어 '텔레(tele)'와 '포네(phōnē)', 전화기란 이름의 유래다. 단숨에 멀리 전달되는 전화의 매력에 묻혀, 글로 전하던 은근함과 기다림이 속절없이 사라졌다. 낭만을 뺏긴 투정도 잠시, 이제는 전화란 문명과 한 몸 된 지 오래다. 약속을 앞두고 전화기가 없어져 사달이 났다. 구세주처럼 눈에 드는 공중전화기. 겨우 해결하고 나니 회색빛 서늘한 전화기에 매달려 엄마를 찾던 그의 뒷모습이 떠오른다.

그와 가끔 마주치는 곳은 동네 마트나 거리에

서 채소를 파는 노점 길이다. 늘 흰머리 성성한 엄마와 다녔는데 그날은 다대포항 역에서 혼자인 그와 마주쳤다. 한 달에 두세 번이나 만난 것은 그곳을 자주 다닌다는 말이다.

언제부터인가 그가 혼자 걷기 시작했다. 간혹 마주칠 때면 단정한 차림에 배낭을 메고 있다. 남 일이라 무심했는데 사람들 간에 혼자 걷는 그이 얘기가 나왔다. 한 몸처럼 다니던 엄마가 돌아가셨는지, 요즘은 늘 혼자 걷는다고. 잠깐 연민이 스미다가 햇살에 습기 마르듯 금방 잊었다. 어디 사는지도 모르니 안타까움도 잠깐이었다.

미간 쪽에 모인 작은 눈. 어눌한 말씨와 뻗정다리 걸음은 어디서나 눈에 띈다. 특히나 소리가 커서 존재감은 두드러지는데 늘 배낭을 메고 걷는다. 길에서는 목소리 크지만 마트에서는 다르다. 큰소리로 물건을 고르다 "마트에서는 조용히!" 툭 던지듯 뱉으며 소리를 낮춘다. 물건을 계산대에 부리고는 묻은 것 없는 옷을 툭툭 털며 말한다. "옷은 깨끗이 옷은 깨끗이." 아마도 엄마의 심심한 당부인가 싶다.

한동안 없던 그가 지하철역 공중전화기에 매달려 있다. 전화기를 귀에 누르듯이 대고 진지한 얘기에 열심이다. 서툰 발음이 알아듣기 힘들어도 왠지 전화 내용이 궁금했다. 모르는 사이지만 낯설게 느껴지지 않아서다.

무슨 얘기를 하는지 괜스레 마음이 쓰였다. 더딘 걸음으로 승강장 입구를 에둘러 지나며 전화기 앞을 서성였다. 열심히 뭔 얘기를 하는데 얼핏 몇 마디가 들린다. "마, 어띠 그러두 이.더, 어띠 그러두 이.더" 사이사이 되풀이되는 뜻 모를 말, 뚝뚝 흐르는 간절함과 하소연이 자석처럼 발길을 붙들었다. 옆 눈으로 지켜보니 한참 말을 한 뒤 전화를 끊고는 떨어진 동전을 다시 넣는다.

전화하는 그가 마음 쓰였지만 딱히 내가 할 일은 없는 것 같아 돌아섰다. 계단을 내려가면서도 남은 미련이 온통 나를 헤집는다. 왜 저러고 있을까, 대화라기보다 혼잣말을 하는 것 같구만.

지하철이 왔다. 종점이 근처라 텅 빈 의자에 풀썩 몸을 내리려는 순간, 풍선 터진 듯 눈물이 흘렀다. 저편에 사람 한둘 있지만 창피할 겨를도 없다. 번쩍, 전선에 스파크 일듯 그의 전화내용이 이해가 됐던 것이다. 엄마에게 전화하는 중이라고! 주루룩, 흐르는 눈물은 닦아도 닦아도 소용이 없었다. 경로석 빈 의자 앞, 벽을 보고 서서 눈물 흘리는 얼굴을 감췄다. 그와 나는 서로 모르는 처지인데 이토록 터지는 눈물이라니. 고였던 설움이 내게로 흘렀을까.

그의 간절함, 하소연하는 듯한 목소리, 끊고는 다시 들던 전화, 그러고 보니 그는 다이얼을 누르지 않았다! 그냥 엄마에게 전화하고 싶었던 것이다. 수화기를 내린 뒤면 떨어지는 동전을 다시 넣어 미처 못 한 말을 마저 하고, 끊고, 되풀이하던 그. 보고픈 엄마를 불렀지만 발음이 서툴러서 내게는 '마'만 제대로 들린 것이다. '엄마 어찌 그럴 수 있어, 엄마 어찌 그럴 수 있어' 하고 또 하던 말이 제대로 해석된 순간 그의 절절함이 나를 흔들었다.

그의 생활 루틴이 그려졌다. 마트 앞이나 시장 길을 걷고 난 뒤면 전화를 하는가 보다. 배낭끈을 꼭 쥐고 씩씩하게 역사 앞을 지날 때면, 먼 나라 엄마에게 전화로 이르고 위로받은 시간이리라. 이 사랑을 두고 엄마는 어찌 떠났을꼬. 무

심한 세월 탓에 마음껏 아들 곁에 머물지 못했겠지.

불현듯 나의 엄마 생각이 났다. 당신 삶은 아랑곳없이 '내 새끼' 위해 겨울 찬바람을 맨몸으로 맞던 어머니. 이별 뒤에야 깨달은 죄스러움과 미안함, 꾸욱 눌러 덮어도 잘못 숨긴 아이처럼 늘 마음 한편이 무거웠다. 어쩌면 그날 지하철에서 나는 하늘 엄마들의 목소리를 들었는지도 모르겠다.

몸이 불편한 아이를 둔 부모는 자식보다 하루 더 사는 것이 소원이라 했던가. 마지막까지 울타리가 되고픈 간절한 마음을 읽었을 때 겨울바람 낙엽처럼 가슴이 버석거렸다. 함께했던 아픈 손가락을 떠나야 했던 엄마. 그이의 가르침대로 이제 그는 검지를 입술에 대며 엄마 없는 세상에서 홀로 서는 중이다. 살다가 마음 힘들면 전화로 속풀이를 할 줄도 안다.

청년의 어머니께 전하고 싶다. 혼자 두고 떠나려니 마음 애틋했지요. 아드님 잘 있습니다. '어찌 그럴 수 있어' 하고 자기 생각을 말할 수 있으니 다행입니다. 마트의 그는 예전과 같습니다.

마트 안에서는 조용히, 옷은 깨끗이! 실내에서는 조용하고 입성도 깨끗하고, 사회생활 그만하면 되었습니다. 혹 오가다 마주치면 살펴보겠습니다. 이제 먼 나라에서 평안하시기를.

지하철 타려다가 전화기 앞에 다가선다. 회색의 차가움으로 무뚝뚝하더니 오늘은 날랑하다 못해 말까지 건넨다. 수많은 반짝임을 뭉쳐 누른 듯 은빛으로 환하다. 백지 위의 선처럼 표정 없는 그와 마주치면 웃어야겠다. 싱긋 받아주면 좋겠지만 아니라도 그냥. 매끈한 수화기를 가만히 쓸어내리니 가슴 아래서 저릿저릿 대답을 해온다. 엄마. 나도 엄마에게 전화해볼까.

텔레포네, 멀리 소리를 보낸다 하늘이든 바다든.

엄마라는 이름이

　수정이는 엄마를 이모라 부른다. 수정이가 그린 집은 온통 네모로 단절되어 있다. 사각 모양을 이어 만든 집, 네 개의 기둥 속 칸칸마다 한 사람씩 오도카니 들어 있다. 서로를 보는 것도 아니고 그저 표정 없이 앞만 바라본다. 아빠는 새엄마를 이모라 부르라 했다. 이모인 새엄마, 아빠 그리고 수정이는 그렇게 각자의 방에서, 괜찮다 괜찮다고 애써 말한다. 상처를 숨기려면 나를 꽁꽁 가두면 된다고 여겼을까.

　엄마가 이모가 된 까닭은 딸을 사랑하는 아빠의 배려 때문이다. 낳은 엄마가 살아 있는데 새

아내를 엄마라 부르기 힘들까 봐 이모라 호칭했다. 하지만 수정이의 마음은 달랐다. 친구 모두에게 엄마가 있는데 자기는 엄마가 없었던 것이다. 아니 엄마가 없다기보다 일상에서 엄마라 부를 사람이 없었고 친구에게도 엄마 얘기를 할 게 없었다. 엄마가 아니라 이모와 살았으니까.

아빠가 시켜서 이모라 부른다는 아이의 대답. 그래 그럼 수정이는 뭐라 부르고 싶은데? 어, 엄마…. 의외의 대답에 놀랐다. 고정관념이 일반화된 어른은 부끄러웠다. 아이는 엄마란 말을 하고 싶었던 것이다. 가만가만 얘기를 모으니 새로 만난 어색함이 있음에도 엄마라 부르고 싶었단다. 어린 마음에 터놓지 못하고 그냥 아빠가 시킨 대로 이모라 불렀다. "내가 알고 있는 모든 일은 편견이다." 어디선가 읽은 글귀가 쫘악! 회오리 되어 내려친다. 아이의 마음을 못 읽은 어른의 고착화된 생각을 부수기.

수정의 엄마는 오랜 지병이 있었다. 주위에서 결혼을 반대했지만 아빠는 사랑으로 극복되리라 믿었다. 하지만 함께하는 동안 다툼은 늘고, 급기야 별거를 하고 이혼도 했지만 양육권 분쟁으로 길게 이어지는 재판. 사람들은 쉽게 말했다. 양육은 네게 벅찬 일이니, 그냥 줘버리고 몸이나 잘 추슬러. 하지만 엄마는 물러서지 않았다. 긴 공방이 이어졌다. 그 세월 동안 수정이도 수정이의 부모도 가뭄의 풀잎처럼 지쳐갔다.

삐걱거림의 시작이 아내의 자격지심인지 지쳐버린 남편 때문인지는 알지 못한다. 기실 중요한 일은, 엄마와 아빠 사이에서 제일 힘든 아이 마음이다. 수정이도 엄마에게 가면 반갑고 좋지만 딱 그만큼에서 멈춘다. 엄마는 달리 놀아줄 신체적 형편이 못 되었다. 그 상황이니 아빠는 아빠대로 서운하다. 이혼했지만 주기적으로 만나고 있는데 굳이 주 양육자가 되겠다는 전처를 이해하지 못했다.

누가 봐도 남편의 양육이 합리적으로 보인다. 하지만 할 수 있음에도 억울하게 소외되던 지난 상처들. 속울음 끄억끄억 삼키며 참아야 했던 엄마는 아이마저 빼앗기는 느낌일지도 모른다. 내 아픔에 가려 아이가 얼마나 슬플지는 미처 생각지도 못한 채 말이다. 친모가 찬성하지 않으면 끝없이 소송으로 이어진다. 재판, 오늘도 열리고 내일도 열려서 속전속결로 진행하지 못하니 긴 시간이 소요된다. 어른이야 마땅히 견뎌야겠지만 여린 아이의 마음까지 그만큼 너덜너덜해지는 것이다.

상처받으며 살아온 엄마, 상처 입은 마음까지 보듬고 사랑했던 아빠. 길어진 재판에서 시린 듯 애달팠던 사랑 자리에 분노와 갈등이 들어선 때문일까, 이제는 서로가 진정한 사랑이었는지조차 헷갈린다. 아빠도 아이를 사랑하는 생모의 애틋함을 짐작지 못했다. 같이 겪지 않은 일이 하 많은데 어찌 알 수 있으랴.

철옹성 같던 엄마가 아이의 그림을 보고 무너지기 시작했다. 외롭고 쓸쓸한 수정의 마음이 그제야 보인 것이다. 수정이는 엄마가 필요했다. 새엄마를 엄마라 부르고 싶다던 아이의 마음도 조심스레 들려주었다. 어떤 오기로 버티던 마음이 이글대는 불판 위 얼음처럼 녹아들었다. 사방팔방으로 튀는 물방울, 끓는 소리로 아우성치던 얼음이 튀며 날며 사라진다. 흐르는 눈물, 흐르는 침묵. 어렵게 양육권 분쟁 취소를 꺼낸다. 무장하듯 마음을 감췄지만 엄마라는 이름의, 눈물

삭힌 고통이 터져 나와 절절했다.

다만 이성적 판단에 따를 뿐, 통곡의 마음을 누르느라 안간힘을 쓰던 수정 엄마. 엄마이기에 견디고자 했다. 재판을 멈추고 수정이도 엄마도 편안히 웃었다. '부부가 아닌 부모' 아무리 남이 될지라도 부모 됨은 변하지 않는다. 부디 내 상처에 아파하다 소중한 것을 놓치지 말았으면.

이혼. 부모도 괴롭지만 지켜보는 아이는 무력감에 더 힘들다. 힘없는 어린 자녀는 그저 바라볼 뿐, 홀로 버려질(저 혼자의 생각으로) 외로움에 두려운 마음을 불안으로 여며 쥔다. 속마음을 제대로 드러내지 못하는 어린 마음. 그 아픔을 부모에게 어떻게 표현하면 될지 알지 못한다. 알더라도 차마 드러내지 못하고 속내를 숨기며 혼자 시들어간다.

간혹 이혼 후 면접교섭을 거부하는 부모를 본다. 상처 때문에 마주치기 싫은 배우자라도 아이에게 엄마 아빠란 대체 불가능한 무엇이다. 어찌되었건 놓치지 말아야 할 일은 아이도 행복할 권리가 있다는 것이다. 별처럼 반짝이고 새처럼 자유로워야 한다. 짐작으로 여길 뿐 뉘라서 여린 마음을 헤아릴 수 있을까.

마음 시린 날에도 하늘은 여전히 푸르던 날, 사각집 꼬맹이 수정을 생각한다. 엄마의 요동치는 마음은 잘 매여져 있을지. 갇힌 유리구슬, 수정의 방이 솔솔 부는 사랑에 밀려 소리 없이 열렸기를.

무심히 흐르는 구름 사이로 깃털을 세운 새 한 마리 하늘을 오른다. 바람 길 자국 따라 마음도 흐르는 오후.

꼬꼬댁 꼬꼬

도심에서 닭을 키웠다. 오일장에 들렀더니 노랑보다 갈색 털이 보송보송한 병아리가 눈에 띄었다. 쨍쨍한 삐약 소리가 튼실해서 맥없이 죽진 않겠다 싶어 덜렁 데려왔다. 마당 귀퉁이에서 모락모락 크는 게 신통해서, 꼬꼬댁이라 부르며 잘 잤냐, 잘 놀았냐 혼잣말을 해댔다. 몇 달 지나자 녀석이 제법 닭 티를 냈다. 머리 위로 벼슬도 올라오고 부리도 제법 날카롭다.

새벽형인 나는 주로 4~5시쯤 잠에서 깬다. 일어나 서성이지는 않지만 까만 밤을 베고서 온 우주를 나르는 시간이다. 한데 그날은 새벽의 침묵을 깨고 이상한 소리가 들려 신경이 곤두섰다. 목이 꽉 잠긴 어떤 사람이 가래를 뱉으려는 듯 그르륵 그르륵 꺼끌한 소리를 내는 것이다. 바람도 잠든 적막한 시간이라 더 선명하게 들렸다. "으윽 그륵 그르륵." 조금 남았던 잠의 꼬리는 태풍에 개미처럼 달아났다. 서늘한 등줄기에 얹혀 귀 기울여 집중했지만 들어본 적 없는 소리다.

담장 밖에서 무슨 일이 났는지 마음이 쫄깃쫄깃 오므라들었다. 스릴러 영화처럼 누군가 숨 막히는 중일까 온갖 상상도 잠깐, 곧이어 커다란 목소리로 "꼬오끼이오!" 하는 것이 아닌가. 서툰 꼬끼오 소리에 쿡 웃음이 났다. 딴에는 한다고 했지만 내가 듣던 꼬끼오는 아니었다. 웃음도 잠시 이번에는 제법 세련되게 완성된 꼬끼오 소리를 냈다. 여태 들은 닭 울음소리보다 조금 더 청량한 느낌이었다고나 할까. 닭 울음소리와 청량은 어울리지 않는 단어지만 내 귀에는 소리의 상큼함이 느껴졌다.

나는 어둠을 안고 누워 소리 없이 웃었다. 고작 몇 분도 안 되는 연습을 거쳐 제소리를 내다니. 처음 연습한 몇 번의 꼬끼오를 제외하고는 기존의 닭 울음소리와 거의 같았다. 물론 할머니 댁에서 듣던 우렁찬 꼭끼오오! 와는 달랐지만 일단 거의 비슷했다. 아침에 닭장에 가서 기특한 성장을 칭찬해 주었다. 오 제법인데 너. 목청 틔우려 그륵거리던 소리를 들은 것이 신기해서 하루가 유쾌하게 흘렀다.

하지만 곧 문제의 심각성을 깨달았다. 온 동네를 깨우는 울음은 시골에서나 어울리는 소리다. 고작해야 얇은 담 사이의 도시, 첫 새벽의 꼬끼오는 민폐다. 기특함도 잠깐, 새벽에 녀석이 제 몫을 열심히 할라치면 찬물 끼얹은 듯 화락 잠이 달아났다. 새벽 고요를 와지끈 깨트리는 울음에도 아무런 내색 없는 이웃들. 죄지은 듯 며칠 안절부절하다가 어쩔 수 없이 시골 사는 지인에게 보냈다. 주인도 저도 마음 편하리라.

하루아침에 낯선 곳에 떨어진 꼬꼬댁. 저는 옮겨진 이유를 알까. 꼬꼬댁 불러주던 주인이 저 생각느라 내친 사연 말이다. 살다 보면 무수히 많은 일을 겪는다. 때로는 의도치 않게 떼밀려 억하심정에 잠 못 이루기도 한다. 이리저리 억울한 마음이 들 때면 그날의 닭 울음을 생각한다. 흔한

동물의 하루지만 화두를 풀듯 나를 돌아보게 했다. 단지 제 일에 충실했다는 이유로 아무런 잘못 없이 쫓겨난 닭. 도시에 살게 됨은 어쩌다 사람 손에 들려 온 탓이다. 제 뜻과 상관없이 살게 된 곳이 어울리지 않는 장소였다. 억울하겠지만 어쩌랴 살다 보니 그리된 것을.

나 역시 한국에 태어났기에 망정이지 아랍의 어느 곳에 떨어졌다면, 영문도 모르고 여자라는 이유로 억압받았겠지. 검은 천에 싸여 눈만 내놓고 살다가, 문득 마음 끌려 사랑에 빠진다면 가족의 치욕이라 죽임 당하기도 하겠다. 반면에 어떤 곳에서는 다 벗은 듯 입고서도 개성이라며 당당하다. 모두가 장소가 어디냐에 달렸다.

장소, 사건이 이루어지거나 발생한 곳. 한 치 틀림없이 같은 일도 장소가 어디냐에 따라 시비가 다르다, 꼬꼬댁. 여기의 옳음이 저기에선 틀리고, 그곳의 틀림이 여기서는 문제없다. 옳고 그름도 장소 따라 변하는 아이러니. 태어날 장소를 선택 못 하듯 사는 동안 부닥친 일도 원하는 바 아니기도 했다. 그래 그랬구나, 한 마음 돌리며 엉긴 마음 가만히 내려놓는다. 그래 그렇겠지…. 내려놓으면 가벼워지고.

우는 법을 배운 바 없는 시장통 병아리. 엄마 닭 없이 혼자 익힌 새벽 울음, 그리고 완전하게 이뤄낸 끝맺음. 너석도 해내고 우쭐했을지도 모른다. 제 딴에 잘했지만 그 이유로 내쳐졌다. 뭘 잘못했냐 꼬꼬대에엑—, 사는 건 그런 거다 꼬꼬오댁.

순대와 발롯

 즐겁게 둘러앉아 간과 허파를 먹는다. 새빨간 피를 응고시켜 국을 끓이고 창자 속에 피와 여러 가지를 버무려 찐다. 허파나 간 등 동물의 내장을 삶아서 구불구불 얹어두고 쓱쓱 썰어서 먹기. 회색빛 음악이 무겁게 깔린 호러 영화가 아니라 평범한 우리의 일상, 순대 먹기다. 입맛 심드렁할 때 매콤한 순대볶음은 식욕 깨우기에 그만이다.
 어떤 음식이라도 어릴 때부터 길들이면 시절과 사연이 양념되어 맛있기 마련. 식구들 주전부리나 친구와 수다 중에 먹던 순대. 음식에 마음이 얹혀 더할 나위 없다. 이렇듯 추억과 애정으로 엮였으니 먹을 때 동물의 간이거나 내장이라는 생각을 해본 적 없다. "염통 주세요" 이렇게 말해도 음식의 이름이지 동물의 몸속, 피가 뛰는 염통을 떠올린 적이 없다.

필리핀 연수를 갔던 지인은 찐 계란을 대접받았는데 너무 역겨워 손도 대지 못했다. 거의 다 자란 병아리, 부화되기 직전의 계란이었다. 머리, 날개도 생겼고 심지어 털도 송송 보였다. 정말 미안타 사양하니 발롯을 권한 주인은 '그럴 줄 알았다' 손뼉을 치며 짓궂게 웃었다. 놀라는 반응에 익숙한 듯 보여서 비로소 미안함이 줄고 마음이 놓였다. 그들은 쪽쪽 손가락까지 빨며 세상 맛있게 먹더란다. 계란이 병아리 되기 전에 삶은 '발롯'은 필리핀의 별미였다.

필리핀 등 동남아 여행 때 벌레나 곤충을 튀긴 야시장의 먹거리는 참으로 혐오스러웠다. 보기에도 징그러워 은근슬쩍 반눈으로 앞을 지났다. 하지만 달리 생각하면 순대를 맛있게 먹을 때, 남이 보는 우리 모습도 그에 못지않겠다. 짐승의 내장과 피를 먹으면서 고작 곤충이나 삶은 계란에 놀라다니.

우리네 순대나 그들의 발롯은 각자의 먹거리다. 허파나 다 자란 병아리 계란. 형태나 맛의 유무를 논할 대상이 아니라 맛이 다른 음식이다. 그들과 우리는 서로 다른 음식을 나름의 추억으로 먹을 뿐이다. 어떻게 그런 것을 '먹을 수가 있지'가 아니라 그런 것을 '먹는구나'로 바라본다.

어린 시절 메뚜기는 맛있는 간식이었다. 연탄불에 구운 메뚜기는 별미였는데 냄새가 진동해 몰래 먹을 수도 없다. 고소한 냄새 따라 친구들이 나타나기 때문이다. 같은 일인데 그때의 인기 간식이, 세월 흐른 지금은 외계인 별식 취급이다. 그때는 맛있었지만 지금 당장 내 앞에 구운 메뚜기 있으면 쉽게 선택 못 할 듯. 몸통에 다리랑 머리가 달린 메뚜기가 그때처럼 구미가 당기지는 않을 것 같다.

아, 갑자기 펑 터지듯 떠오른 생각, 놓친 것이 있다. 내가 지나치기도 싫어서 외면했던 벌레나 곤충 튀긴 것. 메뚜기와 다를 바 없다. 미처 깨닫지 못한 놀라운 사실이다. 이럴 수가. 나의 이율배반적 모습에 내가 더 놀란다. 야시장에서 나는 왜 메뚜기를 떠올리지 못했을까. 부끄럽게도 그들이 야만스럽다고 생각했다. 그 순간 저런 음식을 먹었는지 물었다면 절대 없다 손사래 쳤을 것이다. 내가 그런 음식을 먹었으리라 생각조차 못했다.

사물을 인식하는 데는 시절과 사연뿐 아니라 때와 장소도 한몫을 한다. 서로의 독특한 음식은 각자의 식습관일 뿐 유난스런 일이 아니다. 자기 생각에 사로잡혀 서로 다름을 인정하지 않으면 갈등만 조로롱 열릴 뿐. 마음만 이리저리 불편하니 오히려 나만 손해다. 언제쯤이면 타인의 다름을 그대로 수용하는 마음이 될까. 한 생각 돌려 서로를 인정하면 내가 편안하다. '으음 그렇구나' 인정하기를 연습한다.

다름을 인정하며 순대나 밥롯을 떠올려본다. 그들과 우리, 태어나 함께 자랐으면 식성이 같았을지도 모른다. 아차차! 또 다른 편견. 고향 부산을 떠난 적 없는 한 친구와 나는 사람들이 즐겨 먹는 산낙지 탕탕이를 먹지 못한다. 맛있고 싱싱한 '산낙지 탕탕이'란 음식이 아니라 그야말로 '산' 낙지로 보이기 때문이다.

자기 생각에 사로잡히지 말기…. 말이 쉽지

외곬 생각으로 젖어 살았으니 편견이란 알을 깨기 쉽잖다. 몇 겹으로 덧쌓인 두터운 껍질, 오늘도 부실한 부리로 두드려본다. 타악 탁 탁.

윈디고 돌려보내기

자연은 선물이다

사나운 비가 대지를 마구 채찍질했다. 집채만 한 이빨을 드러내며 벼락과 천둥으로 밤새 으르렁대는 하늘. 난생처음 겪은 지난 여름밤을 잊지 못한다. 잠깐씩 물러나던 예전과 달리 쉴 틈 없이 한두 시간을 내리달아 쿠롸쾅쾅 계속 때렸다. 내 평생 들은 벼락보다 더 많은 천둥 벼락을 접한 하룻밤이었다. 와지끈 내리꽂힐 때의 오싹한 두려움과 공포. 끝없이 이어지는 벼락이라니, 괴기 영화에서조차도 본 적이 없다.

터질 것 같은 밤이 지나고 해말갛게 시침 떼는 하늘. 상처 입은 괴물처럼 포효하는 자연 앞에서 아무것도 할 수 없었던 그 밤. 사람이 파묻히고 암흑 세상이 되어도 속수무책이었다. 준엄한 꾸짖음 같던 천둥벼락 앞에서 자연을 존중하던 로빈 월 키머러가 생각났다. 아메리카 원주민이자 생태학자인 그녀는 자연과 함께 살아야 할 이유를 매서우나 부드럽게 들려준다. 키머러는 인디언 토박이로서의 앎과 생태학 박사의 지식을 담아 『향모를 땋으며』란 책을 엮었다. 책갈피마다 녹아 있는, 사람과 자연이 서로 존중하는 슬기로운 지혜. 슬프지만 아름다운 그녀의 언어들이 깊은 울림과 전율로 다가왔다.

아메리칸인디언들은 자연을 선물이라 부른다. 땅에서 향모*를 선물 받고 그에 고마움을 표하는 세상은 선물과 감사의 사회다. 땅을 모두에게 내린 선물로 보는 원주민 사회에서는 너른 들에 선을 긋고 타인의 경작을 막는 자본주의가 이해되지 않는다. 그냥 있는 자연, 하늘의 선물은

---

* 여러해살이 풀. '향기롭고 성스러운 풀'이란 뜻을 가지고 있음.

고마운 마음으로 나누는 게 더 귀한 일이기 때문이다.

자연은 상품이 아니라 선물이다. 온 세상이 상품이라면, 갖지 못한 이는 얼마나 가난한 사람인가. 하지만 이 세상이 '끊임 없이 움직이는 선물'이라면 다 같이 부유하고 풍족해진다. 자연이 세일 상품이라면 이득을 생각해 한껏 욕심내겠지만, 거래가 아닌 선물이라면 필요한 만큼만 가지게 된단다. 나에게 필요한 것은 자연 그대로 이미 '우리들에게 있'으므로, 욕구 충족을 위한 쇼핑은 필요 없다.

선물 사용법

사람은 우리보다 세상을 오래 겪은 다른 종에게서 지혜를 배워야 한단다. 이를테면 피칸나무의 번식처럼 말이다. 해마다 열매를 듬뿍 낼 수 없는 피칸나무는 해거리를 통해서 이를 해결한다. 한 그루가 열매를 맺으면 곁의 모든 나무가 열매를 맺어서, 약탈을 당해도 생존에 필요한 만큼은 확보가 된다. 다람쥐나 토끼에게 안 뺏기려

하기보다 주고도 남을 만큼 능력이 될 때 열매를 맺는다. 동물과 식물들이 서로 엮여 생존하고 성장하는 지혜로운 삶이다.

오지브와족 원주민 친구 집에 온 유럽 공학도가 식량 구하기에 동참했다. 하루 종일 누비며 수확한 쌀, 카누에 털어 넣을 때 절반 이상 물속에 떨어졌다. 아까웠던 그는 80퍼센트 이상 수집되는 시스템을 제안했다. 하지만 호혜성의 선물 나누기를 권하는 원주민들. "우리가 물속에 남기는 것은 낭비가 아닙니다. 쌀을 전부 가져가면 오리가 이곳에 찾아올까요?"라고 되묻는다. 먹을 것이 없어 오리가 사라지면 더불어 원주민들 오리 사냥도 힘들어진다. 사람과 오리가 함께 살아가는 지혜. 굳이 거창한 철학을 들먹이지도 않는다. 자연의 선물을 받고, 선물을 나눌 뿐이다.

눈 두텁게 쌓인 늦겨울, 모아둔 생선 내장을 높은 가지 위에 걸어둔다. 번식이 느린 담비 개체군을 늘리려고 겨울 양식을 주는 것이다. 담비 개체수가 많아야 필요할 때 취할 수 있으니, 자신을 돌보는 세상에게 더 주면서 더 가지는 방식이다. 거두면서 받들기, 가져가는 사람뿐 아니라 주는 담비도 살려야 한다며, 자신을 '돌보는 세상'을 돌본다.

어미 담비에게 먹이를 주는 것은 이타적 행동이라기보다 세상 돌아가는 방식, 생명과 생명의 연결에 대한 깊은 존중이다. 그들의 거둠의 규칙은, 수확하는 세계에 대한 책임감을 바탕으로 한다. 수확에만 목적을 두는 일방적인 방식과는 사뭇 다른 생각이다. 처벌이나 금전적 배상은 없지만 선물로 이루어진 세상을 지키려고 겸손과 감사의 마음을 다한다.

수확해서 남으면 이웃과 나누던 향모가 거래 대상이 될 때, 판매용 향모를 '사지 말라'는 도덕적 선택을 권한다. 목적이 '수확뿐'이면 물질에 현혹되고, 대지는 피폐된다는 생각에서다. 향모란 수확해서 쓰고 남으면 나누는 것이지 거둬서 이익을 취하는 물건이 아니다. 이익을 위한 채취는 하지 말자는 선택. 값이 얼마이건, 이익을 위해 향모를 취했으니 사지 말라는 다독임은 부드럽고 날카롭다. 향모를 필요한 만큼 가지면 나눔은 저절로 이뤄지고 창고에서 향모가 썩어 못 쓰게 될 일도 없다.

이익보다 나눔을 중시하는 그들, 수확에만 목적을 두는 현대 사회. 오늘의 사회는 기술 개발로 예전보다 쉽게 고래를 잡지만 포획의 방법은 더 잔인하고 비정하다. 어미 고래의 모성 본능을 이용하려고 어린 새끼를 작살로 맞추는 사람들. 죽을 줄 알면서도 새끼를 떠나지 못하는 어미를 향해 무기를 날리는, '수확에만 목적'을 두는 욕망을 본다. 필요 없어도 과하게 가지며, 경제란 이름으로 나눔사회를 팔아버린 참담한 현실. 우리가 세상을 선물로 여기고 주어진 것만 취했다면 대기오염이나 남극 해빙 등은 세상에 없는 언어였을지도 모른다.

윈디고가 두려워하는 것

버팔로는 풀을 뜯은 곳에는 몇 달 동안 가지 않는다. 기다려야 다음에도 넉넉한 양식을 얻을 수 있음을 안다. 동물조차 함께 사는 법을 아는데 지식이 넘치는 우리는 버팔로만큼의 실행도 힘들고 의견도 분분하다. 풀이 나기를 기다리기보다 화학적 처치로 땅을 지치게 하고 때로는 과하게 성장 촉진을 한다. 이미 필요한 만큼 지녔어도 더 달라고 아우성이다. 지구 저편은 굶어 죽는데 이편에서는 미안함도 없이 버리는 잔반 쓰레기가 넘친다. 신물이 오가는 사회와 다른, 내가 가진 것은 내 것이라는 개인주의. 부끄러운 줄도 몰라서 부끄럽지도 않다.

자연은 살아가는 방식으로, 변화에 대응하는 모습으로 시대의 질문에 답한다. 100만 명 이상이 식량위기에 처하게 된 마다가스카르의 가뭄. 지구 온난화, 기상 이변 등이 그 답이다. 필요라기보다 이익에 욕심낸 우리, 자연은 우리에게, 더불어 살기보다 편리와 이익에만 몰두한 삶을 성찰하라 권한다.

1952년 겨울, 런던에서 스모그가 발생해 며칠 사이에 4,000여 명이 기관지염, 폐렴, 인플루엔자 등으로 사망했다. 우리나라도 1960년대 공업화를 시작으로 산성비, 온실효과, 오존층 파괴가 선물 대신 다가왔다. 눈앞의 이익에만 신경 쓰느라 환경을 고려하지 않은 탓이다. 알맞게 가지는 겸손을 외면한 채 과한 생산과 소비 부추김은, 이익을 위한 욕심일 뿐 또 다른 이유가 있을까.

자연을 개발과 정복의 대상으로 여겨 이익 추구만 하면 환경파괴는 걷잡을 수 없이 커진다. 키머러는 탐닉하는 습관이야말로 자멸로 이끄는 윈디고라 말한다. 윈디고는 인디언의 전설에 나오는 무시무시한 괴물로서 '태어나지 않고 만' 들어진다. 먹으면 먹을수록 굶주림에 시달리는 녀석은, 통제되지 않는 소비의 광기로 인간 세상을 초토화한다.

자본주의 기업이 낳은 새 품종의 윈디고는, 지구의 선물을 허기진 괴물처럼 주워 삼킨다. 필요가 아니라 '시장'이나 '탐욕'이 가치 기준이 되어 사람들은 궁핍해지고 살찐 괴물은 대지를 좀먹는다. 함께 살아가는 세상보다 이익이 중요하다고, 소유가 허기를 채울 수 있다고 윈디고가 충동질한다. 그 두려운 존재는 감사를 모르는 사회로 언제든 달려들 준비가 되어 있다. '끊임없이 움직이는 선물' 감사히 쓰고 나누는 것은 어리석은 일이라고 윈디고가 유혹한다.

괴물 윈디고가 두려워하는 것은, 탐욕 없이 나눔으로 생존하는 공유기반 사회다. 세상은 모든 존재가 선물을 받는 곳, '모든 것은 모든 이의 것'이다. 미혹되지 않으려면 내놓으라 닦달하기보다 북돋우고 보호하며 함께 가야 한다. 자연의 선물은 모두의 것. 탐욕이라는 병균에 맞설 지향은 감사와 나눔이다.

원주민 학생들이 도시로 와서 느낀 가장 큰 문화 충격은 언어나 발달된 문명이 아니라 '쓰레기'였다. 굶어 죽는 사람이 있음에도 불구하고 먹거리나 채소들이 쓰레기가 되는 세상에 당혹했다. 자연이 준 귀한 선물이 멸시당하는 모습이라니, 상상조차 힘든 모습에 놀랐다. 언제쯤이면 우리는 자연에게 묻는 법을 깨칠 수 있을까.

3월 볕이 간지러워 봄까치꽃이 웃는다. 내게 온 봄볕에게 감사 인사를 건넨다. 내 것이 아니라 우리들의 것, 소중히 받들리라. 선물 받은 자연과 더불어 살리라. 윈디고! 돌아서 가라.

2장
그리움을 품다

신호등에 꽃이 피다

 그는 거리에서 초록불을 놓치는 법이 없다. 신호등 앞에서 늘 여유롭다니, 운이 좋다지만 그는 스스로 운을 만든다. 늘 초록불을 만날 수 있도록.

 농협 사거리는 쭉 뻗은 직선 길이라 걷는 도중에 신호등 색이 보인다. 사람들은 멀리 빨강이 보이면 여유 있다고 느긋하다. 하지만 그는 빨간불일 때 더 서두른다. 건널목에 다다를 즈음이면 초록이 되거나 곧 신호가 바뀐다. 재수 없이 못 건널 일도 없고 횡단보도 위에서 경적소리를 꾸지람 대신 듣는 무안함도 없다. 나 역시 수차례

놓친 끝에 한 수 배웠다. 초록불을 만나려면 빨간불일 때 미리미리 뛰어야 한다고.

신호등, 낯선 차들이 도로에서 질주할 때 무언의 약속으로 신뢰를 쌓는 방법이다. 신뢰란 하루아침에 쌓이지 않는다. 겪지 않은 일이거나 처음 보는 사람에 대한 불확실성 때문이다. 도글라스 노스의 말처럼 '인간은 서로에 대한 불확실성을 줄이는 방법으로 제도라는 시스템'을 창안했다. 낯선 타인에게 신뢰를 주는 방법, 신호등. 덕분에 낯선 길 낯선 장소에서 차가 달려올지라도 색깔이 바뀌면 멈출 것이라 믿는 것이다.

1868년, 수동 조작 가스등으로 런던에 등장한 신호등은 1928년에 이르러 현재와 유사한 신호등이 되었다. 요즘은 자동이지만 완벽한 해결책은 못 된다. 딜레마존, 빨간불로 갑자기 바뀐 순간, 교차로에서 불가피하게 위반할 수밖에 없는 구간 때문이다. 대부분의 나라에서는 노란불 시간을 늘리는 것으로 딜레마존 사고를 줄이고 있다. 운전자 간의 신뢰나 수준 높은 소양을 믿는 수밖에 달리 방법이 없다.

딜레마존 같은 위험이 도사리는 곳이 있다.

많은 이들이 지나는 건널목이다. 신호등이 있지만 처음부터 기다린 사람 외에는 초록불 시작 타임을 알 수 없다. 시작을 모르니, 건너는 사람 수로 끝 시간을 가늠하며 불안하게 건넌다. 혹시 다 건너기 전에 초록이 변할세라 마음 조급하다. 시간 가늠도 성인이나 가능하지, 반응 능력이 덜 발달한 어린이들에게는 쉽지 않은 일이다.

요즘은 초록불마다 남은 시간을 나타내는 표시등이 있다. 곧 바뀔 것이면 초록불일지라도 건너지 않고 선다. 당연하게 느껴지는 표시가 예전에는 없었다. 남은 시간 신호를 보며 안전하게 걸을 때면 표시등을 만든 고마운 분이 떠오른다. 봄 햇살같이 웃던 그분의 딸, 신호를 지켰지만 사고가 났다. 초록불에 건넜는데 바뀌어 버린 빨간불. 신호등만 보고 달려오던 차는 미처 아이를 발견하지 못했다. 다시는 못 올 길을 가버린 꽃 같은 어린 소녀.

아빠는 같은 비극이 되풀이될세라 아픔 녹아든 가슴으로 묵묵히 노력했다. 그래서 태어난 것이 '남은 시간 표시'이다. 이로 인해 횡단보도를 건너는 사람들은 여유 시간을 알 수 있다. 슬픔을 딛고 모든 아이의 안전을 생각한 깊고도 처연한 사랑에 존경. 아니 존경이란 말은 너무 가볍다. 그의 너그러운 분노에 엎드려 절하며 할 말을 찾지 못한다. 얼마나 많은 사람들이 안전해졌는지 어림조차 힘들다. 한 아이를 잃은 아빠, 이제 세상 모든 아이들의 아빠가 되어 묵묵히 지켜준다.

횡단보도를 건너는 환한 웃음들을 볼 때면 무시로 일어나는 생각 하나. 수년이나 흘렀으니 이제 아빠의 아린 상처가 좀 눅어졌을지. 가슴에 묻어둔 눈물 어린 딸이 묻히고 묻혀서, 빨강 노랑 영롱한 꽃으로 피었으면 좋겠다.

당신이 그때에 이미, 곱게 빛나는 사랑 꽃 하나 피웠음을 알고 계실까. 그의 빨간불이 초록으로 피어 세상이 푸르러졌음을 전해드려야 하는데… 신호등 저편에서 아이 하나가 나풀나풀 길을 건넌다. 꽃으로 핀 그 아이의 고운 손짓 따라서.

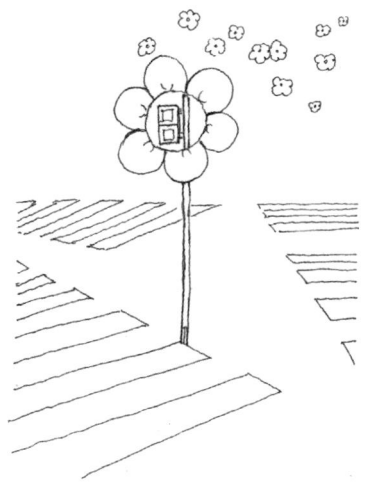

아, 31번

"심장이 콩닥콩닥 초보운전" 낙동강 변을 달리는데 앞선 차량의 글귀가 눈에 든다. 운전자의 두근거림, 차로 인한 위험이 떠올라 내 마음도 덩달아 콩닥인다. 예측 불가능한 삶을 초래하는 차. 편리의 값은 가늠 못 하게 높지만 그만큼 위협적인 존재다. 위험물 감식하듯 조심히 다루면 탈이 없지만 여차할 시의 반격은 폭격에 비할까.

운전은 자신과 타인을 책임지는 일이다. 이렇듯 막중하니 음주와 운전은 절대 동행 못 할 사이다. 자동차가 없던 농경시절, 술은 제의를 올리는 신성한 제물이고 허기진 농부를 달래던 기특한 것이었다. 하지만 자동차나 오토바이 등 탈것이 생긴 뒤에는 술 사정이 달라졌다. 음주로 사람이 상하거나 이성이 무단이탈하기도 한다. 어찌 탈것 탓이기만 할까. 무디어진 배려, 자기중심적 사고가 늘어난 까닭도 한몫했겠다.

살다 보면 나름 말 못 하고 훌훌 털어버릴 일도 생긴다. 한잔 술에 날려버릴 여러 사연들, 술을 양념 삼아 풀며 그럭저럭 산다. 그런 연유로 남에게 피해 없으면, 술로 장을 담건 멱을 감건 개인의 자유다. 하지만 타인의 삶을 흔들거나 그 가족을 절망케 한다면? 갓난쟁이 부모가 아가를 떠나고 꿈 푸르던 청년이 걷지도 못하게 부서지면 어찌할까. 위험을 외면한 음주 운전으로 피붙이를 잃거나 불구의 몸이 된 사람의 입장은 참으로 원통하다.

TV를 보다 안타까운 시선을 놓지 못한다. 젊은 축구 선수가 음주 차량에 하반신이 마비됐다. 훈련 후 이동하던 차 안, 곤히 잠든 눈을 떴을 때는 생면부지의 음주 운전자가 그의 인생에 끼어든 뒤였다. 십여 년간 오롯이 축구를 했고 프로 3년 만에 생긴 일이었다. 진단 결과 다시는 두 발로 걸을 수 없다 했다.

　걷지 못한다 했지만, 그런 사람 처음일 만큼 혹독하게 재활을 했다. 휘늘어진 몸을 사각 판에 묶어, 지이잉 세우는 TV 화면 속의 그. 세울수록 고통스럽지만 더, 더를 말하며 이 악물고 살을 찢는 고통을 참는다. 하지만 현실은 모든 희망을 꺾으며 아프게 다가오고 그는 끝내 걷지 못했다.

　걸을 수 없는 스스로를 자각하고 은퇴를 결심하는 그. 구단은 기다리자 했고 사람들도 '걷자'고 격려했다. 하지만 그는 '내 몸은 내가 안다' 팬들에게 잊히기 전에 떠나고자 했다. 선수로서의 마지막 바람이 읽혀 콧등이 찌릿했다. 휠체어로 참석한 마지막 경기, 31분 31초가 되자 경기장이 날아갈 듯 박수와 함성이 불꽃처럼 터져 올랐다. 그의 등번호 31에 보내는 깜짝 응원의 메시지다. 팬과 선수의 진심이 어울린 장면은 가슴 뭉클한 감동의 물결로 일렁이는 바다였다. 생면부지의 사람, 고작 화면일 뿐인데 나 역시 뜨거운 무엇이 올라와 울컥했다. 이제 그는 포효하며 질주하던 필드도, 삶의 전부였던 축구도 떠나야 하리.

　알 만한 사람이 음주 운전을 했다는 기사를

본다. 사회는 배운 자의 양심을 필요로 한다. 유능한 변호사 무능한 변호사란 낯부끄러운 단어에 굵고 검은 매직 좌악 덧입힌다. 사고를 일으킨 뒤 아량이 필요해 변호사를 찾더라도, 남겨진 상흔에 아파하며 엎드리고 엎드리는 마음이어야 한다. 적은 양일지라도 음주 시의 영향은 사람 체질, 부닥친 상황 따라 달라 예측이 불가하다. 대리기사나 택시가 널린 세상이다. 순간의 술 때문에 타인의 일생이, 삶이, 가족이 부서진 참담함. 그 앞에 놓인 핑계는 그저 초라할 뿐이다.

남에게 신체적 상해를 입혔으면 그만큼 상해를 받는다는 율법을 들은 적 있다. 실수조차 용납하지 않는 잔혹한 야만이라 생각했는데 오늘따라 자꾸 돌아봐진다. 그리 실행은 못 할지라도 그 정도 각오라야 타인을 귀히 여기지 않을까.

이유 없이 당한 자와 저지른 자, '부서진 삶의 값'과 '부순 자가 받는 매 값'이 같은 무게라야 한다는 넋두리를 마주한다. 타인의 삶 값을 '감히' 저울질한(다른 방법이 없으므로) 판결에 안주하며 대가를 다한 듯 순응하는 현대사회. 양심마저 수치화된 곳에 뜨거운 물 한 바가지 끼얹은 31번,

용서할 준비도 되어 있다 했던가…. 휠체어에 앉아 웃음 짓는 그의 얼굴에 평온이 배여 있다. 담담히 웃기까지, 삭혀낸 고뇌와 잠 잊은 밤의 눈물이 얼마나 처절했을지 아릿하다.

기준 이상의 음주 차에 탄 동승자 처벌이 강화됐다. 기준 이상이란 말에 미미하게나마 허용이 느껴져, 다 된 그림에 떨어진 물 한 방울처럼 조금 아쉽기는 하다. 술이란 게 여지를 두기에는 유혹이 좀 강한 물건 아닌가 말이다. 법이 강화되니 바늘에 실처럼 동승자 처벌 피하는 법이 잇달아 인터넷에 떠돈다.

잘못을 했으면 처벌을 받아야지! 저지른 실수를 잔꾀로 벗어나려고! 분노에 폭풍 검색을 해 글을 확인해봤다. 올려둔 글인즉 "1. 설득하거나 대리운전 부르기 2. 택시나 대리운전 비용 대기 3. 최후로, 차량에서 내리기를 하면 동승자 처벌을 피할 수 있다." 참으로 기발하게 음주 운전을 말리고 있다. 오해가 미안하고, 한편으로 기특해서 쌉싸름한 웃음을 피식 흘린다. 꼬투리 양심마저 사라진 게 아니었다. 그럼 그렇지 피해자들에게 죄스럽고 미안하니 매라도 굵어야지.

사라진 31번, 휠체어 위의 온몸을 태워 불사조로 날았다. 취미가 된 탁구, 패럴림픽에 도전한다는 그를 응원한다. 그가 고쳐 쓸 그렁그렁한 새 역사도.

태양에도 특허를 낼 건가요

 뒷 장식이 화려한 한나라 청동 거울. 부와 행복의 상징이었던 태양의 형태로 귀족들의 전유물이었다. 우리나라도 조잡한 장식이나마 기능을 본떠서 누구나 쓸 수 있게 만들었다. 저가 보급형을 만든 셈인데 백제 초기 민가에서 출토될 정도니 시쳇말로 짝퉁 정책은 성공했나 보다. 요즘에야 모방이 금기지만 그때는 자부심 돋는 장인의 사명인지도 모르겠다.

 진화와 생존에 큰 영향을 끼친 모방. 하지만 현대 사회는 모방에 그닥 우호적이지 않다. 소유를 독점하고자 아름다움이나 기능의 가치를 값으로 매긴 때문이다. 진품이나 원본을 소유하려는 것은 남과 차별되고 싶은 욕망이다. 클릭 몇 번으로 생성되어 진짜 가짜가 무색한 (내 무식의 소치인지도 모른다) 디지털 세계에도 진품이 등장할 정도니 인간 욕망의 한계는 끝이 없다.

독점을 위한 잣대는 특허 등록이다. 사실로 누가 '처음'인지보다 서류를 먼저 등록하는 이가 우선이다. 그로 인하여 내가 먼저인 일도 제때 증명 못하면 쓸 수도 없거니와 잘못하면 법적 시비에 말려든다.

실력으로 특허를 내고 '처음'이란 깃발을 꽂으면 그에 따른 명예와 물질로 선망의 대상이 된다. 그럼에도 불구하고 자신과 가족의 희생으로 이룬 성공의 대가로, 특허보다 아이 사랑을 선택한 의학자 조너스 소크. 인류의 은인이란 찬사를 받은 그가 보여준 사랑의 크기는 글이나 말로 표현할 수가 없다.

1940년대 미국, 근육 마비로 죽음에 이르는 소아마비가 전국에 돌았다. 한 해에 수천 명의 아동이 사망하고 수만 명이 마비를 겪었다. 안정적인 의사의 길을 포기하고 연구소에 남아 백신을 성공시킨 조너스 소크 박사. 그 자신과 가족을 임상실험 하는 것에 감동한 수많은 봉사자들의 실험 참여로 백신이 공식 인정되었다.

보통은(니 역시도) 내 것을 내려놓기 쉽지 않다. 놓기는커녕 더 가지려는 욕망에 구겨지고 피폐해진 사람 또한 부지기수다. 하지만 그는 달랐다. 제약사가 특허권 양도를 제안했지만 어디에도 팔지 않는다. 특정인 소유가 되면 가격이 올라, 가난한 이들이 백신을 맞지 못하기 때문이다. 전 세계에 무료로 배포하며 "백신의 특허권자는 당연히 인류"라 한다. 그는 말했다. "특허 같은 건 없습니다 태양에도 특허를 낼 건가요." 소크 박사가 억만장자를 선택했다면 소아마비는 가난한 아이들만 앓는 병이 되었을 것이다. 그의 인류애가 진정으로 위대한 이유다.

세상의 거울이 된 그. 비단 소크 박사만이 아니라 스치는 모든 이는 서로의 거울이다. '굴뚝 청소부 친구는 얼굴이 깨끗하다'는 유대인 속담처럼 남을 보고 나를 챙기기 때문이다. 거친 언사를 들으면 내 모습이 저럴까 말조심하고, 욕심 넘치는 이를 보면 화들짝 정신 차려 나를 돌아본다.

거울은 지천에 널려 온갖 형태로 비추고 비추임 당하지만 선택은 각자의 일이다. 각기 다른 얼굴을 바라보는 사람들. 수많은 범부, 셀 수 없는 거울들이 오늘도 서로 스쳐 간다. 그 사이를 오가는 우리, 어떤 거울이 되고 누구를 바라봤을지.

수천 년 전의 무덤에서 발굴된 유물이 햇볕 속에 놓였다. 고이 묻힌 사자 또한 만천하에 가림 없이 맨몸을 드러냈다. 묻혀 있던 수많은 부장품, 가슴에 올려둔 청동 거울은 군데군데 짙푸르게 부식되었다. 영원을 살 듯 기원했지만 염원도 청동도 세월을 이기지 못했다. 빛바랜 보물 사이, '백 년도 겨우 사는 것들이 천년만년 살 것처럼 행동한다'는 속삭임이 너울너울 삐져나와 허공을 맴돌며 감아든다.

가지려 하지 않았고 원치도 않았지만 지지 않는 인류의 별이 된 소크 박사. 묻혔으나 빛난, 세월 흘렀으나 바래지 않는, 긴 시간 흘러도 녹슬지 않는 의학자의 정신. 넓은 가슴으로 인류를 사랑했던 그는 오늘의 우리를 보며 무슨 얘기를 들려주고 싶을까.

소아마비 백신에 이어 에이즈 백신을 위해

최선을 다했지만 끝내 백신을 개발하지 못하고 1995년 떠났다. 인류의 별님, 그의 따스한 손길에 기대어 엎드리고 엎드린다. 두 손 짚고 생각하건대 거대한 꿈은 언감생심 그냥 외로운 마음 하나라도 다독일 수 있으려나.

머언 나라, 오래전 그분의 커다랗고 단단한 너그러움 덕분에 나의 어린 시절도, 뭇 아이들도 무탈했다. 생각할수록 감사하고 송구하다. 놓는 법을 공부 공부.

캠벨의 역습

 캠벨 포도가 사라지기 시작했다. 그 자리에 샤인머스캣이란 연둣빛 포도가 야무지게 자리했다. 값도 만만찮아 캠벨의 몇 배 값이다. 한때 귀한 몸이던 거봉만 한 크기에 단맛을 더한 데다 어여쁜 초록으로 무장했으니 샤인머스캣의 기세가 하늘을 찔렀다. 농가들은 너도나도 초록 포도로 마음이 넘어갔다. 사라진 관심의 크기만큼 캠벨 나무도 베어졌다.

 사람들은 씨도 없이 껍질째 먹는 새로운 맛에 환호했다. 연초록의 포도를 처음 만난 날. 알갱이도 큼직한 것이, 굵은 가지에 실하게 달린 맑은

빛깔에 반했다. 진한 단맛과 맑은 연둣빛이 시각과 미각을 사로잡았다. 씨조차 없어서 쉽사리 달콤함에 젖지만 때로는 설익은 것을 만나 실망도 한다.

익어가며 색이 변하는 캠벨과 달리 샤인머스켓은 쭈욱 초록색이라 숙성 정도를 구별하기 어렵다. 수년 흐른 지금은 햇볕이 '제대로 담긴 듯 익은' 연두색이 잘 익은 것이라 어림짐작을 한다. 햇볕 제대로 담은 연두색이라니 이렇듯 애매하게 그려냄은 아직도 헷갈리기 때문이다. 사람들 말마따나 세월 지나면 감이 올지도 모르겠다.

맑지도 곱지도 않은 진한 보라가 눈길을 끈다. 통통 튀는 초록으로 유혹하는 샤인머스캣을 옆에 두고 산촌의 여름밤처럼 짙은 색의 캠벨에 눈이 간다. 샤인머스캣과 달리 설익은 정도를 그만의 개성으로 드러낸다. 초록에서 진한 보라로 변해야 먹기 좋게 익은 것이다. 이토록 솔직하게 자신을 드러내다니. 나는 짙은 자주색(도대체 캠벨의 색을 어떻게 표현할까) 캠벨을 좋아한다. 오랫동안 함께한, 달짝지근하면서도 새콤함이 버무러진 캠벨은 쉬이 잊힐 맛이 아니다.

포도가 제철이 되었다. 여전히 연두색이 당당하고, 정든 맛 캠벨은 구석 한쪽에 앉아 있다. 생각없이 집어 들면 머루포도를 캠벨과 착각할 때가 있다. 눈썰미 없는 나는 머루인지 캠벨인지 이름을 확인하곤 한다. 요즘 들어 캠벨이 귀해졌단다. 그 맛을 기억하고 찾는 사람에 비해 수확이 적기 때문이다. 묵묵히 캠벨을 고수하던 사람들이 시름을 덜었겠다. 다행이다. 헤어진 동무 찾은 양 반갑기도 하다. 다시 못 볼까 조바심 내던 마음도 내려놓는다.

캠벨은 우리나라에 많이 분포된 포도종으로 미국의 육종학자 캠벨의 이름을 딴 것이라 한다. 포도를 처음 재배한 곳은 6000~8000년 전 서아시아라니 역사도 무한히 깊다. 이 매력적인 과일은 포도주, 주스, 젤리, 건포도 등으로 변신도 한다. 보라색 외에 붉은색 초록색 흰색 등 다양하고, 변종에 따라 검은색 파란색 황금색 자주색 등 색깔도 다채롭다.

어릴 적 나는 포도를 먹을 때면 껍질째 먹었다. 사람들은 씨만 소복이 남긴 내게 의아한 눈빛을 보냈다. 말 없는 꾸지람을 뒤에 달고도 잘 먹었지만 언제부터인지 껍질을 먹지 않고 있었다. 농약이라든지 건강이라든지 하는 사람들의 말을 들었나 보다. 껍질째 먹는 포도가 흔한 요즘이다. 이제 '껍질째 먹는 포도가 이상하지 않다' 생각이 드니 문득 캠벨의 껍질에 눈이 갔다. 포도를 예전처럼 먹어보았다. 꼭꼭 씹으면 혓바닥이 검붉게 물들고 껍질 안에 붙어 있던 포도의 진한 맛이 느껴진다. 알갱이만 쏙 빼먹을 때와는 다른 맛이다.

버지니아 울프는 『올랜도』에서 만물에는 차이가 아니라 사이가 있다고 들려준다. 포도도 종알종알 매달린 보라색도 있고 성큼성큼 엮인 연두도 있다. 어떤 이는 초록을 데려오고 어떤 이는 보라를 지킨다. 초록과 보라 사이, 곁에 두는 선택은 개인의 자유다. 포도 먹기도 누구는 껍질을 먹고 어떤 이는 버린다. 사이를 인정하고 지키기.

지킨다는 것은 무엇이고 '나답다'는 것은 어떤 것일까. 융통성 없는 고집이라기보다 나다움. 샤인머스캣의 매력에 끌려 마음이 바뀐 이도 있고, '그래도 포도는 캠벨이야' 묵묵히 지킨 농부도 있다. 세상이 변해도 차마 내치지 못하고 첫정에 머물렀다. 사람들은 시류를 읽지 못한 그를 세상물정 모른다 했다. 그가 변함없이 캠벨을 고수한 이유는 참으로 단순하다. 자슥(자식) 같은 나무를 우찌 벤다요? 나는 경영 같은 것 모리요.

우직함이 발 빠름을 넘어섰다.

파김치 아닌 파김치

　시멘트투성이 도심에서 푸른 초록을 만나고 시골에서나 가능했던 농사를 지을 수 있다. 도시농업의 매력이다. 옥상 빈 공간에 상자 몇 개만 들여도 한철 푸성귀 걱정은 없다. 어떤 이는 몇 개 열린 고추가 아까워 내내 따지 못하고 망설인다. 하루하루 크는 재미에 자고 일어나면 맨 먼저 아침 인사를 건넨다. 이렇듯 가까이에서 식물을 가꾸면 생각지도 못한 즐거움이 생긴다.

　상추 씨앗을 줄 맞춰 조롬조롬 심어두면 여린 새싹이 땅을 가르고 올라온다. 눈에 띄지도 않을 만큼 작고 여린데 땅을 가를 힘이 있다니 자연의 신비로움이 새삼 놀랍다. 고추도 처음 열리면 손톱만 한 것이 작고 깜찍하지만 겉모습은 '그래도 고추'다. 고작 1~2cm 자랐는데, 가느다란 고추 꼭지며 받침, 작은 고깔처럼 쏙 내민 몸통. 이 쪼끄만 고추가 사랑스럽지 않다면 이상할 지경이다.

상추씨 뿌리고 향기 멋진 쑥갓도 심어두면 수백 평 농사가 부럽지 않다. 된장찌개 끓이다가 쑥갓 한 줌 불쑥 넣고, 비빔국수 만들다가 상추 한 잎 따고. 이만하면 하늘 아래 부러울 것 없는 부농이다. 그중에서도 내가 좋아하는 별미는 어린 고추다. 제대로 커버리기 전, 연둣빛 어릴 때 먹으면 야들하고 상큼한 맛이 제대로다. 고추라기보다 여린 푸성귀 같은 달짝한 맛은 맛보기 전에는 설명이 힘들다.

식구들은 다 자란 뒤 먹어야 한다지만 나는 번지르르하게 말한다. 키우는 사람만이 맛볼 수 있는 진귀한 맛이라고. 솎아주기도 하는데 미리 따먹으면 일석이조다, 당당하지만 양적으로는 손해가 맞다. 예닐곱 개를 더해야, 하나 크기와 맞먹으니 말이다. 하지만 어린고추의 상큼한 맛은 정말 놓치기 아쉽다. 다시 고추를 심는 봄, 쪼끄마니가 기다려진다.

땅속에서 영그는 양파. 잎은 파처럼 꼿꼿이 크다가 다 자라면 맥없이 땅에 눕는다. 양파와 달리 파는 끝까지 곧추서서 자라는데 키우는 재미가 쏠쏠하다. 자란 뒤에 뿌리째 뽑기도 하고 잎을 한 번 싹둑 베어도 다시 올라오니 중간에 잘라 먹는다. 한 번 자른 뒤면 상품성이야 떨어지겠지만 우리끼리 먹는데 파 줄기 좀 가늘면 어떠랴.

텃밭에 키운 쪽파를 캐서 김치를 담갔다. 일일이 잡초 뽑고 어떤 인위적 처치도 안 했으니 그럴듯하게 포장하면 완전 유기농 최상급이다. 파김치를 담가 놓고 며칠 먹다가 깜박했다. 상추나 부추김치도 있어 미처 못 먹고 냉장고 안쪽에서 몇 주가 지나갔다. 파김치가 그야말로 파김치가 되어 있었다. 냉장고 안이지만 뽀골뽀골 괴기도 하고 푹 익어버렸다. 알맞게 익어야 맛있는데 때를 놓쳐버렸다. 맛보다는, 아까워서 먹을 때 조금씩 먹게 되고 줄지도 않는다. 여느 때 같으면 한 접시도 먹을 판인데. 젓가락이 가지 않으니 더 익어버렸고 찾지도 않게 되었다.

어린 왕자의 장미를 굳이 들먹이지 않더라도 손수 키워 만든 것은 남달라서 쉽게 놓지 못한다. 자리만 차지하던 파김치 통을 몇 번이나 내었다 들였다 하다가 번득 든 생각, 옳다 파김치 전을 해봐야지. 장날에 사둔 메밀가루에 계란 하나 넣고 파김치를 썰고 양파도 조금 넣었다. 밀가루의 매끄러운 맛 대신에 메밀의 심심한 맛이 파김치와 잘 어울렸다. 푹 익은 파김치 전은 의외로 새콤새콤하고 단맛이 나는 별미였다.

이튿날 다시 파김치 전을 했다. 전날처럼 먹어서 처리하려는 게 아니라 순전히 맛이 좋아서다. 못 먹는다, 맛없다는 순전히 경험 적은 나의 선입견이었다. 파전은 싱싱한 파에다 해물 등을 얹어서 생파의 단맛을 느끼는 맛이 전부인 줄 알았다. 일상에서도 익은 파김치로 전을 부치는 일이 드물어 몰랐던 것이다.

아하 반성! 자기 생각에 사로잡힘을 버리기로 한다. 새삼 파김치에 미안하다. 제 딴에 다른 맛을 품고 기다리는데 나는 못 쓴다고 생각했으니. 곰곰 생각하니 파김치 된다는 말도 파가 들으면 억울하겠다 싶어 웃음이 난다. 씩씩하고 꼿꼿하게 하늘 찌르며 자랐는데 소금이나 젓갈 등 짠 것에 절이면 늘어질 수밖에. 더 두껍고 뭉툭한 배추는 소금에 절이면 그야말로 늘어진다. 두꺼운 밑동도 소용없다. 그에 비하년 파는 길다 보니 절여진 모습도 길 뿐이다. '파김치' 되는 것은 파보다 배추가 더하지 않을까. 파김치는 '파김치 된다'는 말에 데모라도 해야겠다 아하하.

사람 사는 세상에 오만가지 일이 제 나름 쓰임이 있음을 익은 김치에게서 배운다. 자신을 때놓친 파김치처럼 익어버렸다 여긴다면 당당히 외쳐보길. 사용법을 그대가 몰라도 너~무 모른다고. 달리 쓰면 꽤 쓸 만한 사람이라고. 안 써주면 그때는? 내가 나를 맛좋은 파김치로 만들어보는 거지 뭐. 얼마나 맛있는지 먹어봐야 알 거라고! 오늘도 파이팅~!

자갈치의 품에서

 나는 마트보다 재래시장을 좋아한다. 무뚝뚝하지만 속정 깊은 동무 같아서 어딜 가든 요령껏 들러본다. 몇 해 전 베트남 야시장에 갔을 때다. 과일 파는 부부는 아내 잔소리(언어는 몰라도 어쩐지 알 수 있다)에 티격태격하랴 표정 숨겨 장사하랴 바쁘다. 타국인인 나와 흥정 중에 덤을 얹어주다가 아내에게 퉁바리맞는다. 핀잔받는 모양까지 어쩐지 낯설지 않아 슬며시 웃는다. 살림꾼 아내에게 가방 속 한국 과자를 내밀며, 더 달라 밀당한 나의 미안함을 표시한다. 서로 마주보며 웃는다. 스르륵 오가는 마음. 사람 냄새 풀풀 나는 재래시장, 그렇게 서로의 위안이 된다.

결혼, 차이의 존재를 깨닫는 일이다. 삼십여 년 달리 살던 사람이 한 식구 되었을 때, 생각의 다름은 당연지사다. 낯선 별의 사람, 마땅히 있을 차이의 생경함을 이해 못 하고 그 다름이 서러웠다. 의견이 다를 때, 서투른 대화는 갈등을 키울 뿐이라 그냥 입속으로 말을 묻었다. 꾹꾹 눌러둔 마음이 벅찰 때면 나는 자갈치시장을 찾았다.

지금 일부 근대화된 건물이 들어선 자리에는 대야를 여러 개 놓은 좌판들이 좌악 깔려 있었다. 생선이나 나물, 온갖 찬거리가 담긴 대야가 줄을 서거나 꺾어진 귀퉁이마다 옹기종기 놓여 있었다. 물기 질펀한 바닥, 자갈치아지매의 억척스런 삶의 길을 이리저리 누빌 때면, 별것 아닌 일로 힘들다 아우성인 나를 깨닫곤 했다.

아버지 회사의 부도로 하루아침에 혼자서 식구를 책임져야 했던 엄마. 자갈치시장 싱싱한 삶의 자리에서 어쩌면 나는 엄마를 떠올렸는지도 모르겠다. 이까짓 게 힘든 일이라고? 포시랍기도 하지. 마음을 추스르며 집으로 돌아왔다. 갈치, 무우, 콩나물. 주렁주렁 들고 버스를 탄다. 창밖을 스치는 풍경에 날선 마음도 날려 보냈다.

　결혼해서 감천동에 살았는데 주인집과 우리, 두 가구만 살았다. 주인아줌마는 종종 자갈치시장 보기를 권했다. 모든 게 싱싱하고 싼 곳이니 살림을 야무지게 살려면 자갈치에 가야 한단다. 간혹 덜 싱싱한 생선을 고를 때도 있지만 그건 살림의 고수, 주인아줌마와 함께 못 했을 때다. 주부 경력이 쌓인 한참 뒤에야 겨우 생선의 신선함을 분별했다. 이건 지금도 어설픈데 경력과 상관없이 순전히 눈썰미 부족한 내 탓이다.

　아이를 낳고도 아줌마와 자갈치에 다녔다. 포대기로 아가를 등에 업은 채 장바구니 무겁게 들고 17번 버스를 탄다. 드라마의 시골 풍경 같지만 30대 부산 아지매, 나의 모습이다. 지금 생각하면 쉽지 않은 일이지만 다들 당연한 듯 그리 살아서 힘들다는 생각이 별로 없었다. 오히려 살림에 서툰 새댁이 요령을 익히며 사는 재미를 느꼈다고 할까. 행복은 상대적이란 말, 맞는 것일지도 모른다.

　일하느라 바빠서 자갈치시장과 멀어졌다. 일부러 시간 내기도 쉽지 않았다. 세월 지나 식구가 단출해져 시간이 되어도 쉬이 걸음하지 못했다. 중앙동에서 도로 건너 자갈치를 보노라면 마음 갈피 못 잡던 젊은 나, 서툰 살림에 날마다 배울 것이 생기던 그때가 보인다. 저기가 나를 품어준 스승, 자갈치시장이지. 제철 먹거리를 구경삼아 다니면 제법 장 보는 재미가 있었지. 생각이 생각을 물어 나른다.

내 마음도 살림솜씨도 키워준 자갈치시장, 어릴 적 내 할머니 같이 넉넉하고 푸근하다. 치맛자락 붙들고 응석 부리면 받아줄라나. 생선도 사고 달큰한 호박죽도 먹을 겸 한번 들러야 하는데, 여태 마음뿐이다.

'골라골라' 아저씨는 이젠 안 계시겠지. 옷을 쌓아두고 고올라 골라! 외치며 손뼉 치고 발 구르던 아저씨. 덩실덩실 쿵작대면 지나는 외국인들이 장단 맞춰 우쭐거렸다. 그이의 신명에 웃다 보면 마음도 덩달아 풀리곤 했다. 모르는 이 없을 만큼 유명한 분이셨는데 당신으로 인해 우리가 유쾌했음을 아실는지. 멸치 사러 가느라 눈길 없이 지나치면 "아지매애! 옷 안 사고 가요오오?" 대충 던진 말에 길 가던 아지매들 모두 저인 듯

돌아보며 웃는다. 자갈치에서는 낯선 이와도 편한 웃음을 주고받는다.

40년 넘게 이어진 생활, 화성남자와 금성여자는 여전히 삐그덕 어긋날 때가 있다. 뾰족하던 마음도 세월에 닳았는지 스승께 가기도 전에 해결책을 구한다. 다름을 인정 안 함도 '그 나름의 다름'인데 그러려니 하면 될 것을. 나는 나의 생각만 붙들고 있었나 보다. 이제야 조금 보이기 시작한다. 같은 일도 마음먹기 따라서 노랑이었다가 빨강이었다가 한다는 것을.

긴 세월 동안 적나라하게 서로를 지켜본 목격자. 각자 최선을 다한 자리, 다름을 인정하고 올라오는 마음을 가만히 바라본다. 제한된 인생의 시간, 할 일은 많고 마음만 바쁘다.

나의 사부, 자갈치가 보고 싶다. 아지매애 쪼매만 기다리이소오오.

그대를 벗이라 함은

　내게 글쓰기의 길을 이끈 인연의 고리는 뜬금없게도 평소 잘 드나들지 않던 백화점이다. 수년 전 오랜만에 친구를 만나던 날, 대중교통을 이용하려면 백화점 앞이 제격이다. 넘치는 수다 끝에 구경 삼아 들른 문화센터에서 편지콘서트가 열리고 있었다. 갑작스런 참가라 기억이 듬성하지만 편지를 쓰고 읽는 잔잔한 분위기에 푸욱 잠겼다. 백년어서원이란 이름을 처음 만났다. 요즘 시대에 편지쓰기라니. 신선하고 좋아서 그 이름이 오래도록 맴돌았다. 그 순간 무의식의 나는 이미 글쓰기의 물꼬를 틔웠는지도 모른다.

몇 해 뒤 문득 글이 쓰고 싶어졌다. 예순이란 삶의 전환점에서 마주한 글쓰기, 어쩌면 기억 저 너머에서 숨죽여 기다렸는지 모르겠다. 시작점을 찾으려 가뭇없이 서성이다 불현듯 떠오른 편지쓰기의 그날. 낯선 곳에서 만난 동무처럼 반가웠다. 어설픈 기억 한 조각 붙들고 길을 나섰다.

세상과 동떨어진 듯 잔잔한 빛을 내품는 서원 입구. 계단을 오른 뒤 잠시 머뭇대다 기왕 왔는데 싶어서 조심스레 문을 밀었다. 몸을 반쯤 엉거주춤 들인 채로 글을 쓸 수 있냐고 물었다. 어떤 대답을 들었는지 여튼 나는 그곳에서 글 쓸 작정을 했다.

마음만 앞설 뿐 준비는 덜 되었나 보다. 처음 참가한 모임에 나는 무척 게을렀다. 바쁘다는 핑계로 빈손 참석이 부지기수. 어쩌다 쓴 글도 미안한 마음에 몇 줄 그린, 미룬 숙제하듯 쓴 일기 수준이었다. 책임도 성의도 없던 그때가 생각할수록 무안해서 실없는 헛웃음으로 감춘다. 참으로 담박에 내치고 싶은 일원이 나였을 것 같다.

얼렁설렁 시간을 보내다 언제부터인지 글쓰기에 진심이 되었다. 쌓였던 겹겹의 말들이 지렛

대 되어 눌린 마음을 들썩이게 했다. 떠오르는 생각을 그냥 담았는데도 대부분 엄마 얘기였다. 내 안의 미안함과 그리움이 엉겨 출구를 찾으며 꿈틀댔다. 제대로 표현하기엔 너무 서툴렀지만 마음은 온갖 얘기들을 들춰내며 나를 향했다.

어둔 밤이나 이른 새벽 홀로 글을 쓰노라면, 기억 저 너머 똬리 틀고 있던 것들이 되살아나 울컥 눈물 바람을 했다. 그렇게 엄마를 만나, 그때는 미안했다고 나도 철이 없어 떠난 뒤 깨달았다고 엎드린 울음으로 고백을 했다. 한 자락 들출 때마다 슬금슬금 풀어져 나오던 해묵은 기억의 파편. 먼 나라 엄마에게 주저리주저리 고백한 느낌이라면 어울리는 말이 될까. 쓰고 또 쓰는 와중에 모래 위 파도처럼 미안함이 사그라졌다. '그래도 칭찬받을 일 한둘쯤은 있었지, 미안함에 비해 턱없어도 있긴 했지' 내면의 소리에 위로받으며 서서히 일어섰다. 누군가가 나를 다독이고 있었다. 별일 아니라고 괜찮다고 삶은 그런 것이라고. 어쩌면 엄마 목소리였는지도 모르겠다. '갠-찬타' 응원받으며 무거움에서 벗어났다.

글은 내면의 나가 현실의 내게 들려주는 이야

기다. 누구도 귀담지 않을 얘기 하루 종일 들어주고도, 더 하라며 다가앉는 나의 친구다. 누군가에게 터놓고 싶을 때 글을 쓰면 된다. 할 말 쌓인 둑이 터지기 전에 수다로 물꼬를 터야 한다. 실낱같이 흐르다 샘솟듯 쏟아져 글이 되면 나를 돌아보며 치유케 한다.

글은 사랑을 건네는 방식이다. 조선 후기 많은 시문과 소설을 남긴 서포 김만중. 유복자로 태어난 그는 『사씨남정기』, 『구운몽』 등을 썼다. 소설 자체를 천히 여기던 시절, 사대부가 굳이 글을 쓴 것은 그만의 사유가 있었으리라. 세상사 일장춘몽이라 전하는 구운몽. 쓸쓸히 유배 중인 심사를 구절구절 녹였다.

그의 어머니는 팍팍한 삶 속에 홀로 수절하며 자식을 키웠다. 온갖 역경 속에서도 교육에 지극했던 그녀에게 김만중은 정성껏 효를 다했다. 그는 달빛 아래 낙엽처럼 쓸쓸하고 고단했던 어머니 삶을 위로하고자 글을 썼다. 소설 속 여인들은 당돌하거나 자유분방하여 직접 청혼하거나 남성처럼 시를 짓는다. 시대 윤리를 거스른 솔직하고 당찬 여성들의 얘기로, 적적한 어머니께 대리

만족의 기쁨을 주고 자신도 상상이나마 즐거움을 누렸을 것이라니 글의 역할은 끝이 없다.

　김만중이 유배로, 어머니 장례에 참여 못 했다는 기록에 나는 혼자 소심히 중얼거렸다. 함께 못 했다니 아닌 말씀이다. 아들이 쓴 위로의 책을 지녔던 어머니였으니, 마지막 순간에도 '함께'였다. 글이란 달리 길이 없어 활자로 전하지만 기실 그 일은 마음을 건네는 일이기 때문이다.

　울릉도 지인은 어머니의 하늘나라 배웅 길에 당신 삶을 그린 글을 올렸다. 마지막 자리에 곡진한 마음을 담아 올린 그녀의 책 한 권, 울릉도 양지 바른 나무 곁에서 이승과 저승을 오가며 사랑을 전한다. 엄마 또한 나뭇잎 사이 햇살로 딸의 곁에 가만히 머물렀으리라. 울지 말거라 달큰한 가락엿 내밀며 막내를 다독인다.

　그녀의 글을 통해 내게도 이미 한 어머니로 다가와 있던 당신. 사진의 풍경을 오래도록 들여다본다. 이방인인 내게도 그 마음 다가와 코끝이 찡하지만, 모녀의 대화 생각에 슬머시 입꼬리 들리며 따뜻해진다.

　이렇듯 말 못 할 속내를 드러내고, 머금은 생

각을 전할 수 있는 글은 좋은 벗이다. 오묘한 바다다. 가슴 듬뿍 위로를 전하는 꽃이다. 내가 무엇을 하건 어떤 생을 살건 길동무로 함께 걸어준다. 저분 늘녘 문득 돌아보니 거기, 내게 손 내밀고 있었다. 환한 웃음으로 마주 잡고 남은 길 타박타박 함께 걸으면 엄마를 다시 만나게 될까. 어느 날 스치듯 다가온 인연, 나의 벗이 감사하다.

7월의 밤, 천둥 벼락이 밤새 쉴 틈 없이 내리꽂혔다. 세상 잘못 모두 없은 듯, 매운 회초리 같은 빗소리가 무겁고 준엄하다. 어둡고 긴 하룻밤을 보낸 아침, 왠지 모를 두려움이 슬금슬금 밀려든다. 수다를 떨어야겠다. 어떤 것이라도 글이란 옷을 걸치면 다른 생명이 된다. 잡은 손에 살며시 힘주어 본다. 건너오는 따스함, 벗이다!

부산 먹고 맴맴 인연 먹고 맴맴

유년의 뜰

"당감동 보내쁜다"는 종종 죽음을 들먹이는 협박이 되곤 했다. 오래전 당감동이 죽음과 동의어가 된 까닭은 그곳의 화장장 때문이다. 국민학교 시절 딱히 놀 곳이 없던 우리는 호기심에 당감동 화장장을 들렀다. 햇볕 환한 대낮에 놀이 삼아 갔으니 죽음은 낯설었고 회색빛 두려움도 없었다. 커다란 원을 그리며 깊게 파인 구덩이, 허옇게 뿌려진 뼛가루에 별 감흥 없이 화장장에 있는 것, 그 생각이 다였다.

당감동 초입에는 고무신 공장이 있었다. 신 바닥에 새겨진 왕자나 국제 등의 상호는 어쩐지 근사해 뵈는 동경의 이름이었다. 고무신 공장은 당시에 흔치 않던 큰 규모였는데 몇 년에 한 번은 큰 불이 났다. 검은 연기가 길게 흔들리며 하늘로 오르고 고무 타는 야릇한 냄새와 연기 사이로 불꽃이 날름거렸다. 소방차가 붉은빛 번쩍이며 부산스럽게 오가고, 거들 일 없던 사람들은 팔짱을 끼고 멀찌감치 서서 바라보곤 했다. 이른바 불구경이다. 먹고 일하는 쳇바퀴 일상 외에 별일이 없던 시절, 불 얘기는 두고두고 사람들의 화젯거리였다.

당감동 아래 부암동에는 다리 아래 하천이 흘렀다. 장마철이면 큰 비가 하천가의 집을 덮쳤지만 사람들은 여전히 그 자리에 살았다. 비가 그치면 학교에서 헌책을 모아 홍수에 책을 쓸려 보낸 아이에게 주었다. 종이가 귀한 시절 책은 함부로 못 할 소중한 것이었다. 신학기면 교과서 표지 싸는 법이 화제였으니 책의 대접이 짐작되리라. 그런 연유로 묵은 교과서를 쉬이 버리지 않아서 장마철 책 내기 과제는 어렵지 않다. 한 해에 두 번이나 책을 잃은 친구도 원하는 만큼 거뜬히 책을 구했다. 형편 나아진 요즘 돌아보니 사람 어울려 사는 법은 궁핍한 그때가 훨씬 더 살가웠다.

  자주 재해에 휘둘리고 언제나 먹을 것이 간당간당했다. 하지만 해 지는 줄 모르고 신나게 놀던 동무들을 떠올리면 물질 부족은 문제 될 게 없었다. 다들 고만고만 살아서 부족이 뭔지 몰라 마냥 재미있고 신났다. 그 시절 놀이를 지금이면 난이도 높은 운동이라 할 것도 같다. 계속 뛰는 고무줄놀이는 한두 시간 거뜬했고 남자 아이들 제기차기나 말 타기도 지칠 줄 몰랐다. 다망구라 불리던 잡기놀이는 술래 피해 바삐 뛰고 그나마 앉아서 노는 살구받기(공기놀이)가 있지만 이도 손 놀 틈이 없다. 딱지치기는 힘껏 내려쳐야 하고 구슬치기는 거리나 각도 조준에 정교한 손놀림이 필요하다. 추운 겨울 따뜻한 옷은커녕 손등이 갈라져 트고 손발이 근질거리던 동상도 흔했지만 그쯤이야 대수롭지 않게 여겼다.

어른살이

  결혼 후 살았던 감천 1동에 당감동 가는 17번

버스 종점이 있었다. 기억을 더듬자면 17번 버스는 감천에서 서면, 부암동을 지나 당감동을 향했다. 부암동 친정에 가려면 매번 당감동행이 될 수밖에 없는데 딱히 죽음이 떠오르지 않았다. 젊은 탓인지 죽음이란 그저 통용되는 말일 뿐 나의 일이란 것을 느끼지 못했다.

어느 날 하나둘 건물이 들어서더니 화장장은 흔적도 없이 사라졌다. '당감동'의 의미도 퇴색되어 화장막, 죽음, 널브러진 뼛가루를 떠올리는 사람들이 드물다. 흰 뼛가루가 뿌려진 을씨년스런 모습 대신 아파트나 집들이 들어서 죽음보다 삶을 얘기하는 자리가 되었다.

당감동의 반대편 종점인 감천, 지금의 감천문화마을은 작은 집들이 다닥다닥 붙은 산동네였다. 감천 1동과 달리 윗동네인 감천 2동은 여러 집이 함께 공동화장실을 쓰기도 했다. 한 평도 못 되는 부엌 너머로 건넛집 방 안이 훤히 보이던 좁은 골목, 맛난 것 한 입 하라고 방 안에서 앞집을 부르던 그 시절의 모습이 새롭다. 아이 친구 철이네도 거기에 살았다. 가끔 아이를 데리러 가면 동네 사람들이 모여 앉아 있곤 했다. 기다리던 손님마냥

어서 오라며 수저를 쥐어주던 따스한 사람들. 곤궁한 살림에도 먹을 것을 잘 나누었는데 고구마나 감자, 그도 없으면 전을 부쳐 놓고 불렀다.

그들이 살던 곳이 문화마을로 조성되면서 기억 속 그때와는 다른 생경함을 느낀다. 전국으로 알려진 유명세에 옛 모습이 점차 바래짐은 나만의 생각일까. 삶의 역사와 애환이 구불구불 놓인 그 시절 감성은 새로이 덧입혀진 낯선 칠 아래 말없이 누웠다. 아이러니하게도, 시대를 비켜 살며 고달팠던 옛 모습이 관광거리가 됐다. 삶에 휘둘리며 눈물겹게 살았던 처연한 상흔, 끼리끼리 위로하며 살던 내밀한 자리가 낱낱이 드러내어진다니 머릿속이 갈피 없이 복잡하고 싱숭하다.

미술 프로젝트가 진행되어 낙후된 담장이나 건물에 벽화가 그려진 감천문화마을, 어린왕자가 마을을 내려다보고 있다. 정겨웠던 그 시절을 돌아보는 시간 여행이라니. 왕자의 시선 따라 구불텅 골목을 톺아보니 켜켜이 늘어선 집들 사이로, 왁자하니 품 너른 웃음의 사람들이 가만가만 피어난다. 문득 망토 휘날리는 어린 왕자 대신에 오동통한 곰 한 마리 담 너머 마을을 바라보면 어땠을까. 뜬금없는 상상을 해본다.

감천을 떠난 지 오래되어 까맣게 잊고 지내던 코로나 시기. 홀몸 어른께 도시락 나를 일손이 필요해 모처럼 감천을 갔다. 문화마을을 비켜선 산동네에는 붙박이 된 듯 옛 모습의 사람들이 살고 있었다. 비탈진 좁은 길, 삐뚜름 계단까지 불쑥불쑥 이어지는 바람에 집까지 차량 진입은 꿈도 못 꾼다. 양손에 도시락을 들고 세월 묻은 골목길과 비좁은 계단을 날듯이 오가면 잇몸으로 웃는 환한 웃음을 마주한다. 푸른 힘줄이 도드라진 팔에 매달린 듯 늘어진 손. 마른 삭정이 꽃 허옇게 피었다. 도시락 건네고 돌아서는데 바람 타고 들리는 그 옛날 철이네 목소리 "찌짐 한 쪼가리 먹고 가야아…" 그리움인지 흘러간 세월 탓인지 저릿한 마음이 눈앞을 가려 애먼 도시락만 움켜쥔다.

버스길 건너 있던 감천만 해안은 매립되어 감천항으로 변했다. 넉넉한 몸뻬 바지 입은 아지매가 물 대야에 횟감을 놓았던 자리. 수건 동여맨 좌판 아지매 대신 커다란 배들이 해안을 차지했건만 그대로 출렁이는 바다가 무정하다. 부산 토박이인데도 회를 즐기지 못하던 나는 아나고 회만 유독 잘 먹었다. 입맛 잃은 날이면 해변에 들러, 아나고 한 움큼을 시큼한 초장에 상추와 먹으면 언제 그랬냐는 듯 속이 시원했다. 회 맛도 달콤했지만 걸쭉한 목소리로 툭툭 내뱉듯 건네던, 속내 깊은 아지매의 다독임이 더 맛있었는지도 모른다. 나보다 나이 들었을 B횟집은 아직도 있을까.

좁았으나 너른

작은아이가 태어난 뒤 감천에서 다대포로 이사했다. 사하구의 변방이라 전화선이 부족해 이사 후 한 달이나 공중전화로 살았다. 며칠 갑갑했으나 적응 되자 되레 느긋해졌다. 쉼이란 이런 것이구나, 나만의 선물 같아서 은근 좋았다. 휴대폰은 상상도 못 하던 유선전화 시대였다. 그럼에도 나름 옥죄었음을 전화가 없고서야 알았다. 잃은지도 몰랐던 자유, 그를 되찾아 가볍던 날들. 내 부름 없이는 누구도 나와 닿지 못하는 오롯한 시간이었다. 전화가 놓이자 다시 못 올 해방감이 아쉬워 못내 섭섭하던 기억이 선명하다.

　세월 흐른 다대동은 그때와 사뭇 다르다. 구부러진 찻길, 때깔 부시던 코스모스 꽃길에는 빌딩이 줄을 잇고 아래는 지하철이 다닌다. 포구의 어선은 여전하나 너른 마당에서 생선 널던 사람들은 아파트로 건너갔다. 세상은 변하건만 나는 여전히 기억 속의 진한 그리움을 좇는다. 옛날에는 정말 힘들었다고, 이제 시절 좋아졌다는 생선 아지매 말에 정신이 번쩍 든다. 나는 편리를 추구하면서 그들은 변치 않길 바라는 택없는 낭만이라니 이기심과 뻔뻔함이 무안하다.

　육십여 년을 사는 동안 내가 움직인 반경은 고작 부산진구와 사하구 두 곳임을 알고 나니 문득 산다는 게 맥없이 초라해진다. 엄마가 된 소녀는 일에 청춘을 바치고 손주가 생기는 등 변화무쌍하게 산 줄 알았는데 고작 감천동과 다대동에서 꼬물거렸다. 돌아가는 쳇바퀴 위에서 제자리걸음만 한 것 같아 실없이 졸아드는 나. 삶이란 게 더없이 거창한 별것인 줄 알았다. 한 생을 살아보니 그날그날 순간순간이 이어져온 찰나일 뿐이었다.

"그저 살다 보면 살아진다 그 말 무슨 뜻인진 몰라도 기분이 좋아지는 주문 같아 너도 해봐 눈을 감고 중얼거려 그저 살다 보면 살아진다 그저 살다 보면 살아진다" 어느 가수의 마음 녹인 목소리가 나를 위로한다. 산다는 것이 특별한 무엇이고 살다 보면 다른 세상이 열리는 줄 알았다. 무언가 있을 것 같아 버둥거려도, 앞으로 나아가는 일은 결국 한줌 재로 돌아가는 것임을 이제야 안다.

그러구러 지내다 보면 살아지는, 한 세월 필부의 삶이었다. 어떤 연유로 세상에 내렸는지 모르지만 머물다 갈 수 있음이 감사하다. 종착지에서 돌아보니 남은 건 스친 인연들뿐임을 늦게나마 깨닫는다. 바다 이웃 골목길 부암동 다대포 철이네 감천 동무들. 가만히 불러보는 이름에 시인의 별 하나 빌려서 걸까나.

호르르 입김 불며 뛰놀던 아이들은 초로의 노인네가 되었고 몇몇의 동무는 다른 세상에서 논다. 그들의 부산이 나의 부산이다. 서툴던 내 삶이 자라고, 봄 바다 파도처럼 노닐며, 휘몰아치게 익어갔던 부산. 좁지만 너른 나의 고향 부산을 안아본다. 등 대고 누운 곳이 일정했다고 내 세상마저 협소했던 것은 아니다. 꽃씨 속에 하늘이 있고 도토리 안에 상수리나무 들었다지 않나. 장에 간 아버지도 마실 가던 어머니도 옛일이 되었지만, 나는 때때로 낡은 기억을 소환하며 부산의 바다를 그 짭쪼름한 맛을 잊지 못해 맴돈다. 고추 먹고 맴맴 달래 먹고 맴맴 부산 먹고 맴맴 인연 먹고 맴맴.

"당감동 안 가요! 절대로 안 가!" 죽기 싫다며 한사코 17번 버스를 내린 취객 얘기 깔깔대던 순이가 궁금하다. 하늘도 푸르니 오늘 당감동 버스를 타볼까나. 타야겠다.

나는 지금 연애 중

　다대포는 과거와 미래가 함께 살아간다. 대형 마트와 작은 마트가 골목 하나로 나란히 있고 토종 다이소인 천냥마트도 옆에 있다. 마트들을 마주보고 노점이 일렬로 죽 늘어섰다. 노점 상인은 몇을 제외하고 거의가 칠십 대, 여든 할머니도 두어 분 계신다. 스물 남짓 되는 노점이지만 어지간한 것은 다 있는 전통시장 같다.

　콩국 할머니는 채소를 팔다가 여름이면 직접 갈아 만든 콩물을 판다. 할아버지 가신 뒤로 콩물은 없고 채소만 팔지만 내게는 여전히 콩국 할매다. 기온이 영하로 떨어진 날, "너무 춥죠" 인사

건네니 파를 까는데 자꾸 얼어서 일찍 끝낸단다. 장사하느라 왼 종일 밖에 있었는데 추위가 아니라 파를 다듬지 못해서 마친다니 대단하단 말밖에. 5시, 그리 이른 퇴근도 아니다. 문득 궁금해서 물었더니 여든둘이라며 "그런 거는 묻지 마라이" 웃으신다.

생선은 상자째로 수북이 담겼는데 그때그때 다르다. 어선 주인이 많아서 잡히는 대로 생선을 팔고 더러는 다른 동네서 온 것도 있다. 납새미나 가자미는 꾸덕꾸덕 말려져 있고 생선 크기도 가짓수도 다양하다. 운 없어서 잡힌 문어 몇 마리 대야에서 놀고, 고등어가 수북이 쌓인 사이에 싱싱한 삼치도 몇 마리 누워 있다.

식구들 모이던 날, 조림을 하려고 반질한 고등어를 넉넉히 샀다. 손질 도중에 "와 이리 많이 사능교" 묻는다. 식구가 많아서요, 무심코 뱉은 말에 생선아저씨 손이 다시 고등어로 간다. 사남삼녀, 크면서 먹는 게 전쟁이었단다. "칠남매 크면서 마-이 힘들었지요" 중얼거리듯 뱉으면서 다시 고등어를 집어 든다. '식구가 많아서 식구가 많아서'를 입속으로 되뇌이며 또 한 마리 집는다.

옆에 섰던 아줌마 왈 "나도 더 주든가" "아지매도 식구 많으면 더 주지" 나도 많다! 얘기하며 더 받을 법한데 대신 침묵한다. 같은 돈이라도 식구 따라 더 먹어야 된다는 생각에 이의 없다. 불공평한 공평에 찬성.

묵직하게 고등어를 받아 쥐고 걷는데 저 아래서 스멀스멀 올라오는 것이 있더니 종래 코끝이 찡하다. '식구가 많아서'를 웅얼대며 계속 고등어를 집어 들던 아저씨. 칠남매 속에 힘들었던 꼬맹이, 옛일 생각나서 '많은 입'에 한 젓가락 더하라고 생선을 쑥 집어서 자꾸 얹었다. 더 주는 마음에 고난을 겪은 이의 배려가 느껴졌다. 다들 힘들겠다 생각하며 시장길을 지났는데 오히려 내가 위로를 받는다.

야채노점 사이에 과일 아저씨, 풀빵 조개 어묵 약초 사이에 국민간식 떡볶이가 양념처럼 섞여 있다. 아 그러고 보니 재첩국 할머니도 있었다. 뽀얗게 우려낸 재첩을 함석 양동이에 담아, 금액대로 몇 국자 담고 부추를 한 움큼 넣어준다. 어느 날 안 보이더니 먼 나라 가셨단 소식. 길을 지날 때면 동이 하나 안고 오도마니 있던 할머니 자리가 눈에 밟혔다. 재첩국에 정을 얹어 팔았는지 세월 지나도 간간이 떠오른다. 이제 편히 쉬시겠지.

정월 보름이 되면 등장하는 온갖 나물들. 보름이 지난 뒤면 콩국 할머니는 길 가는 나를 불러 세운다. 팔다 남았다며 콩나물 몇 움큼 쑤욱 빼서 담아주는 할머니. 미안해서 시금치라도 사면 그도 듬뿍이다. 키운 시금치를 파는 이도 있는데 바닥에 눕듯 납작하고, 풍찬노숙 하느라 크기도 들쭉날쭉이다. 생긴 건 그래도 달짝지근한 맛은 모양 예쁜 시금치에 비할 수 없다. 콩나물 들고 오면서 드는 생각. 내일 외출 때는 간식거리 챙겨야지, 콩국 할매 드시게.

생선전을 지나는데 가자미 철 되었는지 풍성하게 늘어서 있다. 만 원어치 사면, 상자에서 숙숙 집어낸 작은 것 서너 마리는 덤이다. '식구가 많아서'를 얍삽하게 활용하려다 참는다. 순간 올라오는 양심! 이런 얌체 같으니, 정을 이용하다니. 머쓱해서 나의 얌체에게 속에 말로 변명하며 꼬리 내린다. 살다 보면 그럴 수도 있지. 뭐, 식구가 많은 건 사실이다. 모이면. 아이고 누가 들

을까 부끄럽다.

 집으로 오는 길, 약한 경사지만 늙은 몸 이끌기는 버겁다. 장바구니를 놓고 길 옆에서 한숨 돌리는 할머니. 길을 걷는 나와 눈이 마주쳤다. 금세 이웃이 된다. "아이고 배달시킬 거로, 구루마라서 끌겠다 싶었는데 맘만 청춘이네." 조금 젊은 내가 짐 끌기를 거들면, 묻지 않아도 시작되는 할머니의 얘기. 바닷가에서 회를 판다. 나이가 여든 되었지만 마음만 먹지, 일을 놓기 쉽지 않단다. 소주를 사는 김에 몇 병을 더 사서 무겁다고. 오늘은 소고기도 샀단다. "집에 가서 오순도순 약주 드시려고요?" "아니고, 우리 영감은 술 끊데? 나는 안 끊었다. 죽을 사람은 이래도 죽고 저래도 죽는다. 마, 괴기 굽어가 한잔 할 끼다." "와 멋지네에 맞습니데이, 일 끝낸 뒤는 잘 차려 묵어야지요." 웃으며 헤어진 그날 밤, 괴기에 소주 한잔 걸칠 할머니 생각에 빙그레, 달고 편한 잠을 잤다.

 예전에 누가 말했다. 한동네 오래 사는 것은 늘 푼수 없거나 너무 좁은 세상을 사는 것이라고. 제대로 사는 방법과 거리 멀다 해서, 아닌데?

생각은 했지만 확신이 덜했다. 하나 이제는 안다. 뿌리를 내리고 산다는 것은 오랜 단골이던 슈퍼 아줌마가 떠나고 그 아들의 가게를 바라보는 것. 내 나이만큼이나 세상도 따라 늙는 것을 보는 것. 타인의 삶, 내 남은 삶의 여정이 문득문득 읽히는 것이다.

아이 어릴 적 소아과 선생님도 늙고, 소아과와 내과 간판은 여전하지만 아이보다 어른 환자가 많다. 나이 든 의사 선생님은 링거 중간에 꼭 한번 살펴보고 진찰도 꼼꼼히 질문도 많이 오간다. 그이도 시간이 느슨하고 환자도 여유롭다. 늙는다는 것은 함께 변화해가는 것이다. 주치의 삼아 다니며 같이 나이 드는 환자, 의사 주의 사항에 할 말은 한다. "샘요, 내 일은 내가 알아 하끼요." 갈 때 되었응께 팍팍히 살 필요 없다는 환자의 대꾸. 그래도 빙긋이 웃는 병원.

주식이라는 요상한 물건을 만지는 워렌 버핏. 그는 수십 년 살던 낡은 집에 그대로 산다. 상상 이상의 부자임에도 옛집에 그대로 사는 이유를 "내가 좋아하는 집에 살고, 좋아하는 음식을 먹으며, 좋아하는 사람들과 함께 있다. 더 비싼 집이나 더 화려한 차가 나를 더 행복하게 만들지는 않을 것"이라 전한다. 이웃과 소통하며 동네 빵집에 아침마다 들르는 그. 진정으로 잘 사는 부자가 무엇인지 일찍부터 알았던 것 같다.

외출을 하려면 노점을 지난다. 천냥마트 앞에 놓인 수박 상추 고추 참외 등 갖가지 모종과 채소 아지매가 곁들여 파는 봄꽃 사이를 걸으며 지하철로 향한다. 매일매일 변하는 노점 시장과의 데이트. 오늘은 무엇이 반길지 궁금하고 기다려진다. 어데 가노? 콩국 할매가 웃는다. 차 타러요, 나도 따라 웃고.

다대포, 봄 햇살처럼 포근한 이 멋진 동네를 사랑하지 않을 수 없다! 나는 지금 연애 중.

3장
평온을 담다

아무렴 어때

 기일이 목요일이지만 토요일에 모였다. 누군가를 생각하는 것은 마음으로 그 사람을 만나는 것. 제삿날은 떠난 사람을 만나는 날이다. 바쁜 한 명이 빠지는 것보다 모두 모여서 편안하게 맞으려고 주말에 모인다.
 평소 쓰던 작은 식탁 위에 꽃무늬 예쁜 보를 씌우고 엄마 사진과 풍성한 꽃 한 다발 놓는다. 지난해에는 내 산문집을 올렸다. 엄마에게 자랑하면 기뻐할 것 같아서다. "왕할머니 안녕하세요?" 손주들은 들어서면서 사진에 인사를 드린다. 음식은 그때그때 마음 가는 대로, 어떤 해는 전복죽을 때로는 나물과 생선을 한다. 몇 해 전에는 막내 손주가 어린이집에서 만든 종이 굴비를 올리고 유쾌하게 웃었다. 여섯 살 아이답게 굴비마다 오색찬란하게 색색으로 칠하고 끈으로 주렁주렁 엮어 제법 굴비 두름 흉내를 냈다. 우리는 상 위에 올리면서 자린고비 우리들을 욕하시라며 한참을 웃었다. 제 솜씨를 올린 손주 녀석도 의기양양하다. 저도 당당히 한몫을 한 것이다.

기일이면 새록새록 솟는 지난 이야기들. 언제나 그렇듯 고생 많으셨다, 대단하다, 키워줘서 고맙다로 끝이 난다. 어느 지인의 말인즉 제삿날을 맘대로 하면 돌아가신 분이 못 찾을지 모른단다. 우리들의 대답은 한결같다. "아니아니, 우리 엄마는 끄떡없이 잘 오실걸, 보고픈 마음이 넘쳐서 한달음에 오실 텐데 뭘." 이어진 유쾌한 농담도 즐겁다 '귀신은 귀신같이 찾아온다'고 하하하. 어쩌면 엄마는 지금 이 말 들으며 웃고 계실지도 모른다. 역-시 내 딸! 이라고.

영혼이란 정말 실재하는 것일까. 사전에 의하면 "영혼(靈魂)은 육체로부터 독립적인 정신체를 의미한다. 대개 육체에서 벗어나 독자적으로 존재하며 사후에도 존속할 것이라 여긴다"고 정의한다. 육체 속에 깃들어 있으나 육체와는 독립적인 무형의 실체. 그래서 숨을 거두어도 영원히 존재한다고 여겨지는(또는 여기고 싶은) 것이 영혼이다.

사랑하는 이를 보낸 이가 영혼의 유무를 물었다. 즉문즉설로 유명한 스님의 답변인즉 있다고 생각하면 있고 없다고 생각하면 없단다. 이어지는 스님의 질문. 사랑하는 이를 보냈는데, 영혼이 있으면 좋겠어요 없으면 좋겠어요? 있으면 좋겠다는 그에게 "그래, 그러면 있는 거여"라 답한다.

언젠가 만날 것이란 희망이 있으면 쓰라린 이별의 무게도 한 주먹쯤 덜어지지 않을까. 재회를 기다리며 이승을 사노라면 남은 삶이 훨씬 녹록할 것 같다. 있고 없는 문제보다 헤어진 슬픔을 헤아리는 스님의 혜안에 짙은 마음이 한풀 가벼워진다. 품던 소원 이뤄진 듯 반갑고 홀가분한 마음, 나도 영혼의 존재를 믿고 싶었을까.

떠난 이를 기리는 제삿날, 피붙이끼리 소리 나는 것은 고인이 바라는 바가 아니다. 곰곰이 생각하면 시간이니 음식이니 왈가왈부할 거리가 못 된다. 모처럼 모여 앉아 그리운 이를 기리는 날, 건조한 치레보다 정 스며든 촉촉한 마음이 중요하다. 예의 없다 꾸중할 어른도 있겠지만 아무튼 우리 마음은 그렇다. 추모에 정성 없이 소홀하자는 말이 아님을 믿어주기를.

형식에 매이지 않으면 밥 한 그릇 놓을망정 기꺼운 마음이 된다. 왜냐고? 무리하지 않고 잘 해낼 수 있는 만큼 하니까. 소소한 준비 중에 웃고 눈물 글썽하고, 그런 하루를 보낸다. 땅과 하늘 사이, 단출한 상을 두고 뻔뻔한 얼굴로 하늘 올려보며 묻는다. "엄마, 제 말 맞지요?" 와— 쏟아지는 식구들의 웃음. 보고 계실까, 오늘의 우리들을.

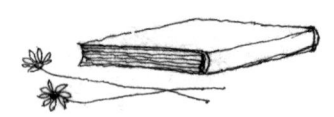

손 없는 날

음력 9와 0으로 끝나는 날에는 나쁜 귀신이 하늘로 오른단다. 1~2일에 동쪽, 3~4일엔 남쪽 등 동서남북에 머무는 귀신(?)들이, 9~10일엔 하늘에 올라가서 손 없는 날이라 한다. 무슨 일을 해도 손해가 없는 길한 날이라 여겨 이사, 혼인 등을 많이 한다.

지구 건너편의 일이 실시간 파악되는 시대에도 살아남은 손 없는 날이라니. 문득 떠오르는 어린 시절 얘기 한 토막. 거짓말하면 뿔 달린 도깨비가 나타나 이노옴! 한다던 어른들. 그들도 이노옴! 하는 무엇을 피하려는 생각이 손 없는 날이겠거니, 슬며시 웃음이 난다. 어른이라도 무서운 건 무서운 거다. 일 시작 전에 조심히 한 번 더 생각해보는 것, 뭐 괜찮겠구나 싶기도 하다.

오래전 겨울 요즘 보기 드문 길일 중에 길일이 연일 뉴스거리였다. 길일에다 휴일인 날, 친척 결혼식이 포항에서 열렸다. 마치고 돌아올 때, 얼마나 많은 사람들이 움직였는지 고속도로가 마비되어 7~8시간 만에 겨우 부산에 도착했다.

그때는 시외버스도 입석이 가능해서 버스 안은 만원이었다. 겨울임에도 버스 안은 숨이 터억 막힐 정도로 갑갑했다. 한껏 차려입은 원피스, 자유를 박탈당한 몸은 어지럽고 구토가 났다. 원피스의 등 쪽 지퍼를 허리까지 내린 뒤 좌석에 바짝 기대어 앉아 얼렁뚱땅 감췄다. 일행들도 맛이 간 낙지처럼 늘어져 남 일에 신경 쓸 처지가 아닌 게 다행이었다. 버스에서 내려 땅을 밟으니 달나라 우주인처럼 다리가 붕붕 떠다녔다. 무사히 지구에 도착한 나. 길고 긴 고문 여행 끝에 며칠 몸살을 앓았다. 길일이 주는 환대(?)는 오래 나의 뇌리에 남았다.

결혼도 이삿날도 만사형통을 바라며 굳이 길일을 택하는 이도 있다. 길일에 결혼식장은 동이 나고 길은 걷느니만 못하게 막히고. 이삿짐센터는 예약이 쉽지 않고. 아니 오히려 웃돈을 줘야 하고 그마저도 힘들다. 애써 그날에 하려니 모든 일이 꼬이고 복잡해지는 것이다. 매사 실용적이고 긍정적인 나의 엄마는 모두 편한 날이 좋은 날이지 굳이 좋은 날은 따로 없다고 늘상 말했다. 나 역시 공감한다.

내게 길일이란 복잡하고 불편이 예상되는 날이다. 길일 다음 날에 이사해보시라. 길일 비켜간 날의 진수를 느낄 수 있다. 너도 좋고 나도 좋고, 일하는 이도 편하고 부리는 이도 편하니 모든 일이 매끄럽다. 싸고 편한 날, 그날이 진짜 길일 아닌가. 우리끼리는 공공연한 비밀이다. 길일이란, 혹시? 그럴듯한 핑계로 사람들을 유혹한 뒤, 저 홀로 편하려는 누군가의 음모가 아닐까? 한바탕 웃는다.

쌍둥이를 임신한 딸이 제왕절개를 위해 예약한 날, 첫 타임으로 정했다. 쌍둥이라 미리 예약을 했는데 수술 시간이 길일에 길시인 줄 몰랐다. 수술복을 입고 마취하려고 대기 중인데 의료진이 조심스레 시간 변경을 물어온다. 길일 길시를 믿는 산모가 그 시간에 해달라고 통 사정을 한단다. "한 번만 물어봐 달라" 하도 간청해서 전하는 것이니 거절해도 된단다. 조심조심 건네는 말에 '세상에 이런 일이', 좀 당황스럽긴 했지만 쿨하게 바꿔주었다는 딸. 양보한 뒤에 태어난 쌍둥이는 복도 많지. 세상에 태어나면서 자기도 모르게 복 짓는 사람, 그런 행운이 몇이나 될까. 스스로 길한 날을 만들며 태어난 쌍둥이는 밝고 신나게 잘 자라는 중이다.

손 없는 날 중 음력 2월 9일은 물방새날로 불린다. 매사 무탈한 날이라 장을 담그고 집을 고치고 이사를 하거나 나무를 심었다. 먼 옛날 농경사회는 겨울은 한가하고 봄은 농사 채비로 바쁘다. 집도 고치고 장도 담고 옮길 것은 옮겨야 봄 농사에 지장이 없다. 농한기에 일손 놓고 있다 보면 시작이 차일피일 되기 쉽다. 그런데 손 없는 날이라니. 그것도 다른 날은 귀신 있으니, 게으름 피울 수도 날짜를 미룰 수도 없다. 나태해진 마음을 추스르는데 이보다 명약이 있을까. 닦달도 잔소리도 필요 없다. 오우! 지혜롭다.

 손 없는 날을 일손이 없는, 일할 사람이 없어서 이사비용이 비싼 날이라 말하는 젊은이를 본 적이 있다. '손'실 없는 날이 아니라 일'손'이 없는 날이라…. 일손 없으면 피해야 하는 날? 아 쌈박하다. 말에 내재된 의미를 찾기보다 실리 따지는 신세대의 비틀기가 마냥 유쾌하다.

 시베리아 동토의 땅 야쿠티아, 그곳에도 사람이 살지만 누구도 육로로 그곳까지 가는 길을 모른다. 오랜 연륜과 감각으로 길을 만들어서 갈 뿐이다. 야쿠티아에 도착하려면 습지를 건너야 하는데 여름에는 비행기, 헬리콥터로 이동하고 겨울에는 얼어붙은 습지 위를 건넌다. 영하 30~40도로 떨어져 습지의 얼음이 두꺼워지면 비로소 차가 갈 수 있는 길, 빙판이 된다.

 누구도 가본 적 없는 새 길을 달려서 극지 사람들에게 생필품이 공급된다. 해마다 겨울이면 지구상에 새로 탄생하는 습지 위의 얼음, 그 길을 가며 스스로를 개척자라 부르는 사람들. 부동액이 얼어 터지고 드라이버가 부서지는 극한의 추위. 그 속에서 사나흘을 밤낮으로 달려가면 습지 너머 사람들이 오매불망 기다리며 서 있다. 목숨 걸고 길 아닌 길을 달리는 이유다.

그들은 떠나고 도착하는 날을 스스로 정한다. 손 없는 날이란 생각할 수도 없다. 그들에게 좋은 날이란 늪지가 제대로 얼어 차가 안전하게 달리는 날이다. 스스로의 판단으로 좋은 날을 택한다. 할 수 있다는 강인한 의지로 그들을 기다리는 곳 야쿠티아로 향한다. 목숨을 건 선택, 뭉클 솟아나는 경외와 감탄.

"바람은 이기는 게 아니라 이용하는 것이 더 쉽다", 손 없는 날은 정말 일 할 손이 없다. 길일, 잘 비켜 쓰면 서로 편해 새로 나만의 '길'한 날이 된다. 사람들이 손 없는 날을 찾으면 같이 그날을 챙기면 된다. 길일, 그날을 피하는 지혜를 발휘하는 것으로. 개척자 만세! 야쿠티아 만세!

옥황상제의 센스

 죽은 새끼를 놓지 못하는 어미 범고래. 탄생 30분 만에 잃은 아기 고래를 끝없이 물위로 밀어 올린다. 숨진 어린것을 등에 업고 파도를 이겨내며 한없이 바다를 헤엄치는 어미. 슬픔을 견디는 중이라는데 17일째라는 시간이 너무 길어 서럽다. 온몸으로 애달파하느라 파도와 맞선 줄도 몰랐으니 커다란 몸피는 피멍으로 물들었겠다.
 어미 고래는 언제쯤 이별을 인정했을까. 사람도 핏줄 간에 가슴 미어지는 이별을 한다. 얼마의 시간이면 이별을 받아들이게 될까. 인간은 기록이 가능해서 잊지 못할 그때를 되새겨 제의를 지내기도 한다. 온전하게 모시거나 살 한 점까지도 새들에게 바치기, 풍화를 기다려 절벽 구멍 깊숙이 두기. 제의 방식의 다양함은 상상을 초월한다. 이렇듯 떠남에 대한 예우는 산 자가 머무는 곳에 따라 다르다. 제 나름 익숙한 관습이지만 제삼자의 눈에는 영 어색하다. 하지만 그 속에 내재된 바탕은 누군가를 향한 정성이다. 때론 정성의 크기를 형식으로 가늠하는 탓에 갈등이 생기지만 제의를 지냄에는 이견이 없다.

딸의 친구는 맞벌이 바쁜 나머지 제사상을 주문할까 갈등했다. 정성을 돈이 대신하지만 어쨌거나 의무는 다한 것이다. 모임에서 걱정 늘어진 그녀에게 딸이 말했다. 아니 그냥 간단하게 해. 식구들 먹고 싶은 것이나 고인이 즐기던 것 한두 가지 정도 하고, 그래도 힘이 남으면 한두 종류 더 하고. 눈이 동그래진 그녀가 그래도 되냐고 놀라 되묻는다. 그럼 안 될 이유가 뭐 있어? 중요한 건 정성 지극한 마음이지. 그리움이 더해진 마음 말이야.

듣는 것만으로도 혼란스러워하던 그녀는 이튿날이 되자 은근히 마음이 기울었다. 한번 해보는 거야 어차피 손해될 것은 없다. 일도 돈도 덜 들고 마음? 마음은 어딘가 한구석이 걸쩍지근하지만 일단 실행했다. 시간도 조금 앞당기고 즐기는 음식 몇 종류로 단출한 상차림을 했다. 체력이 되는 만큼 음식을 하니 몸의 여유만큼 마음이 너그러워졌다. 시부모님 생전 일이 하나둘씩 떠오르며 고마운 생각도 들었단다. 맛있는 음식을 덕분에 먹게 됐다는 기특한 생각도 들고 신세계가 따로 없었다나.

나중에 다시 만난 그녀는 구세주라며 진심으로 고마워했다. "정-말 고마워 그리 좋을 수가 없어. 근데 시간은 많이 당기지는 못했어. 혹시나 못 찾아오실까 싶어서" 그녀의 소심함에 아하하 유쾌하게 웃으며, 귀신이 달리 귀신이야? 귀신같이 찾아올 테니 걱정 말라 전했단다. 그래도 차마 그리는 못 하겠어. 제사 명부를 지닌 옥황상제가 일시 틀린다고 안 보내주면 어째? 그녀는 영 마음을 놓지 못했다.

날짜 조금 다르다고 옥황상제가 보내주지 않는다니. 우리 할머니는 "내 새끼 기다리는데 와 못 가게 하능교" 당당하게 말하며 떼쓸 것 같다

답했다는 말. 그래도 안 되면 어쩌냐는 말에 다른 사람 갈 때 슬쩍 따라가면 된다고 농을 하니 사뭇 진지하게 받는다. "아, 우리 자동문 섞여 나가듯이?" "그래그래 내 말이 그 말이야." 그제야 깔깔대며 배를 잡고 웃는다. 맞다, 온전한 그리움 위해서라면 하늘도 은근슬쩍 눈감을 수 있겠다. 그래 누구나 한 가지쯤 있음 직한 기억이다. 알고도 모른 척 눈감아준 상황들, 뒤에 생각해보니 아하 그냥 봐준 것이구나 하는 일들 말이다.

수백 년 전 조선의 관료였던 매월당 김시습도 금오신화에서 염라대왕 얘기를 한 적이 있다. 염라대왕은 악한 중에서 최고의 고수, 피도 눈물도 없는 줄 알았는데 오히려 반대였다. 얽히고설킨 복잡한 세상을 다스려야 하니 선한 사람 중에서 가장 바른 사람이라야 한다나. 안 그러면 그 복잡한 세계를 거느릴 수 없단다. 오 그럴 수 있겠다, 끄덕끄덕 공감이 갔다. 염라대왕이 그럴진대 하물며 옥황상제 아량이야 더 넓지 않을까. 떠난 자와 남은 자의 애틋한 제의를 위해, 마음 넓은 옥황상제님은 오늘도 센스 있게 문단속하실 게다.

날마다 어제같이 해 뜨고 지는데도 기일이 되

면 덧나는 애달픈 그리움, 제의의 시간. 세월 가도 늙지 않는 마음이 서럽다. 제의를 지극한 마음의 징표라 한다면 먼 바다 돌아온 어미 고래도 제의를 지내지 않을까. 기록이나 문자 없이도, 새끼 떠난 회한이 올올이 풀려나오면 바닷속 어딘들 마음 닿지 못하랴. 먼바다 회유 길, 차마 놓지 못한 그 자리 지나칠 때면 맴돌며 돌아들며 천근만근 걸음 떼겠다.

 떠나고 잊지 못하고, 제의란 그런 것 지극히 온 마음 다하는.

달리의 시계

 "시계 밥 줘라" 1970년대 꼬맹이들이 흔히 했던 심부름이다. 긴 사각형 모양의 벽시계, 아래 부분에 둥근 시계추가 달려 있다. 전면에 나 있는 둥근 구멍에 'ㅜ' 모양으로 생긴 도구를 끼워 돌려주면 하루나 이틀 시계가 돌아갈 에너지가 생긴다. 벽시계가 밥을 먹는 순간이다. 드르륵 드르륵 태엽을 감을 때면 키우던 강아지 배불리 먹인 듯 뿌듯했다. 종종 굶겼지만 시계가 멈춘 기억은 별로 없다. 식구 중 누군가는 밥을 챙겼으리라.

 시계는 한 시간마다 어김없이 종을 쳤다. 면봉처럼 생긴 작은 막대가 망치인 양, 옆에 있는

금속 원판을 때려 소리를 낸다. 뎅뎅 소리가 거슬리 때는 막대가 닿는 원판 자리에 종이나 헝겊조각을 붙이면 된다. 틱틱 작은 소리가 나지만 나름 무음이 된다.

괘종시계와 달리 모래시계는 소리가 없다. 흘러내린 모래가 시간을 전한다. 실 폭포같이 흐르는 모래에 눈을 두면 시간을 잊고 빠져들기 일쑤다. 그러다 문득, 시간이 이처럼 쏜살같다 싶어 마음이 좁아든다. 매 순간 '순간'이 흐른다니, 당연한 사실이 처음인 듯 놀랍다.

천지개벽에도 흐르는 매정한 시간, 시계가 흐름을 안고 있는 듯해도 시간은 시계 안에 있지 않다. 시계는 멈춰도 시간은 멈추는 법이 없다. 다만, 시계가 멈추면 흐른 시간 가늠이 힘들다. 하고많은 시계 중에 그가 멈추지 않았음은 어찌 알 수 있나.

초현실주의 화가 살바도르 달리는 '기억의 지속'이란 이름으로 녹아내리는 시계를 그렸다. 녹아서 주욱 늘어나거나 찌그러진 채 어디든 눌어붙어서 분 단위 시간을 말하는 시계. 시간의 유동성과 무의미함, 그리고 무의식 속에서 이뤄지는 현실의 왜곡을 보여준다. 모두에게 평등한 시간이 상황이나 감정 따라 그 속도가 달라지는 인간 심리의 복잡성을 극적으로 그려냈다. 손에 잡히지 않는 시간은 일 초도 어김없이 제 갈길 가지만 달리의 말처럼 마음의 시간은 시계가 소용이 없다.

 저녁 약속을 앞두고 시간이 어중간히 남았다. 미뤄둔 일 하기엔 안성맞춤이다. '잠깐이면 돼' 세뇌하며 남 일인 듯 외면했던 서류를 정리했다. 즐거운 수다와 맛있는 휴식이 기다리니 하기 싫은 마음도 희석된다. 3시 40분, 정리가 끝났는데 시간이 남았다! 밀린 일을 더 한 뒤 얼추 맞지 싶어 시계를 보니, 아뿔싸 좀 전 그대로 3시 40분. 시계가 멈춘 줄도 모르고 감쪽같이 속았다. 허둥지둥 나섰지만 한참 늦을 수밖에.
 감정의 동물은 시간을 느낌으로 가늠할 수 없음을 진즉에 알아야 했다. 고무줄 같은 마음시계를 믿다가 낭패를 봤다. 출렁이는 마음 따라 삼 분 같은 세 시간이 있고 세 시간 같은 삼 분도 있다. 도대체 마음의 시계는 어디에서 도는 것일까. 할 일과 하고 싶은 일, 놓아야 할 일들이 엉기니 달리의 말처럼 시계와 시간이 따로 논다.

나의 시계, 어디쯤 덜거덕 멈춰 섰을까, 어둠 속 길 사이를 더듬어본다. 머언 언저리 한 귀퉁이에서 가다서다 제자리에 맴돈다. 붙잡지 못했던 시간. 못내 아쉬워 손 내밀어도 돌아오는 것은 허공, 알지만 때때로 기웃거린다. 흐르는 강에서는 같은 물에 손 씻을 수 없듯이, 한번 흐른 시간은 되돌릴 수 없는 일. 서성대지 말기.

일상을 정리하고 차를 마시는 데 얼마의 시간이 필요한 것일까. 사랑하고 그리워한 시간은 얼마쯤이었을지.

이브는 빨래를 했을까

걸침 없이 알몸으로 살았으니 챙길 거리도 없다. 하지만 금단의 열매를 먹은 뒤 뭔가 걸쳤으니 빨래를 했을지도 모르겠다. 옷이란 것이 어디 사는지에 따라 화려한 비단이나 몇 줄기 나뭇잎이 되기도 한다. 인류가 몸을 가리려 옷 입는 개념을 만들어낸 이후 빨래의 역사도 움텄으리라.

고대 로마에서는 앞다투어 오줌을 퍼 가는가 하면 세금도 매겼다. 오줌을 삭히면 나오는 암모니아의 세정 작용 때문이다. 구한말 선교사도 빨래방망이 두드리는 조선 여성의 중노동을 기록에 남겼다니 동서고금을 막론하고 빨래는 인간의 삶과 뗄 수 없는 것인가 보다.

  괴정의 느티나무 쉼터에는 여직 빨래터가 남아 있다. 커다란 콘크리트 사각 틀에 물이 넘쳐, 두 팔 남짓한 폭으로 흐른다. 양쪽에 위치한 넓적한 빨랫돌들. 비누질하며 연신 옷을 비벼대는 등 굽은 허리 하나, 가던 걸음 거두고 눈길 오래 머문다. 쪼그린 앉음새에 불편보다 여유가 깃든 토박이 노인의 익숙한 몸놀림, 빨래라기보다 무심 세월 건지는 듯 잔잔하다.

  농사짓던 큰댁 마당의 기다란 빨랫줄은 장대 하나 걸치고 우뚝 섰다. 여름 들바람에 건들댈 때마다 빨래가 내동댕이쳐질까 자꾸 눈이 갔다. 호기심에 장대를 슬쩍 건드린 순간, 요령껏 바람 타던 빨래들이 한쪽으로 누웠다. 아랫자락이 땅에 쓸려 온통 흙투성이가 된 이불호청. 부지깽이도 일한다는 무더위 속 농번기. 이른 새벽 부지런 떨었던 빨래의 수난에 우야꼬오! 놀랐지만 이내 웃어넘기던 큰엄마. 어쩔 줄 몰라 못 박힌 듯 섰던 나를 심부름 보내던 할머니. 당황한 나를 감싸려 일부러 일거리를 만든 할머니의 진한 속내가 아련하다.

어릴 적 시골에선 냇가에서 빨래를 했다. 흐르는 시냇물에 쉬- 입소리 내며 빨랫감을 흔들면 비눗물이 흘러나와 가장자리에 띠를 두른 듯 흘러간다. 묵은 때는 방망이로 두들겨 빨았는데 가뜩이나 낡은 옷이 헤지기도 해서 요령껏 살살 해야 한다. 사촌 언니를 조른 끝에 걸레와 방망이를 얻어서 두들기면 사방으로 튀는 물이 재미있었다.

그와 달리 수돗물을 쓰는 도시에서는 대야에 담근 옷을 빨래판에 치대면서 세탁했다. 대야의 물이 점점 구정물이 되면서 뿌연 회색이 된다. 한 대야 가득 헹구고 다시 또 헹구고. 시냇물에 흔들 때와는 너무 다르다. 큰 물의 구정물은 맥을 못 추지만 대야에서는 온통 구정물 세상이라 버리고 또 버리며 헹궈야 한다.

세탁 방법도 진화했다. 세탁기가 나왔을 때, 손놀림에 비할 바 못 되어 외면당했으나 얼마 지나자 필수품이 되었다. 가사 노동의 탈출을 의미한 기계는 날로 정교해졌다. 심야 기능과 헹굼의 세기, 삶기까지 다양하더니 급기야 건조까지 된다. 예전에는 상상도 못 했던 일이다.

손빨래가 고되기는 했지만 세탁기보다 나은 것이 있다. 쌓인 속상함을 벅벅 풀고 복잡한 머릿속을 시원스레 뭉개기에는 빨래만 한 것이 없다. 연인과 이별한 어느 가수도 "잠시라도 잊을 수 있을지 몰라요. 그게 참 말처럼 쉽게 되지가 않아서 무너진 가슴이 다시 일어설 수 있게 빨래를 해야겠다"고 담담히 노래한다.

무심한 손놀림으로 더러운 것들을 마주하면 '힘 들인' 만큼 말끔하고 깨끗해진다. 햇살 바른 줄에 널려 뽀송하니 마르면 복잡한 흔적은 바람 타고 사라지고 마음은 다시 푸르다. 시원하고 솔직한 빨래, 엉클린 심사를 멀리 휘리릭 날려 보낸다.

고된 시집살이 버거울 때 신세타령을 비누 삼아 빨래 한 아름 두들겼다던 그 시절, 엄마들에게 빨래는 어떤 의미였을까. 나이 든 어른들은 방망이 소리만으로 그 마음을 헤아려 "와, 무슨 일 있나" 다독였으니 이만하면 약 될 법한 친구다. 큰엄마도 엄마도 두드렸던 방망이 내게는 없다. 나 대신 열일 하는 세탁기, 나의 울화도 풀어줄 수 있으려나.

빨래가 놀이가 아니라는 걸 언제쯤 알았을까. 싫어도 해야 하는 것이란 걸 알아버린 그때, 맵싸한 인생 맛을 알게 되었는지도 모른다. 빨래를 하면 그날의 일상을 담은 땟물이 나온다. 어디서 무엇을 했건 그만큼의 흔적을 남긴다.

세탁기가 열일 하는 요즘, 스스로의 구정물을 보지 못한다. 아무리 더러워도 볼 새 없이 비워낸다. 얼룩 본 적 없으니, 보지 못한 나의 구정물 얼마나 되었을까. 기왕의 구정물, 속 좁은 대야보다 너른 시내에 담으면 빨리 맑아지려나.

각각의 빨래는 그 모습으로 삶을 얘기한다. 생선 파는 아저씨는 커다란 방수바지를 널고 돌쟁이 숙이네는 앙증맞은 아가 옷을 말린다. 골목길 연립주택에 널린 분홍빛 토끼 내의, 한 번도 본적 없는 빨래의 주인이 마냥 이쁘다. 홍티 비탈에 드문드문 들어선 슬레이트집 마당에는 묵은 향이 배어난다. 몸빼와 발목 늘어난 양말, 빨고 빨아서 꽃잎 부서진 낡은 꽃무늬 내복. 무심한 듯 걸쳐진 빨래, 녹슨 철 대문 너머를 한참 들여다본다. 낯익다 생각하니 오래전 헤어진 나의 할머니 모습이다.

초여름 매미가 울면 다문다문 떠오르는 것이 있다. 시골마당의 펄럭이는 빨래와 바람 싣고 일렁이는 장대 그리고 난감함 관용 배려 그리고 그리고… 팍! 사라지고 싶을 만큼 미안하고 죄스러운 일이 별일 아닌 듯 넘어간 그날, 말썽 한 번에 마음이 훌쩍 컸다.

세상사 모든 것 생각하기 나름, 빡빡 치대고 훌훌 털어 씻고 나면 보송보송한 빨래처럼 되는 날도 있을걸. 이브는 빨래를 했으면 좋겠다.

생을 사랑하는 법

 배덕법, 유럽인과 원주민의 성관계를 금지한다. 넬슨 만델라 대통령 취임 전까지 유지되었던 남아공의 법이다. 이로 인해 자신의 출생이 범죄가 된 남자, 트레버 노아는 책 『태어난 게 범죄』를 펴냈다.

 코사족 엄마와 백인 아버지 사이 유색인인 저자는 태어난 것 자체가 범죄의 흔적이다. 그럼에도 그는, 사건으로 연속된 삶일지라도 살아볼 만하다고 추켜세운다. 끈끈한 연민, 시리도록 투명한 그의 솔직함은 꽉 막힌 세상을 들쭉날쭉 찌르는 꼬챙이같이 시원하다.

사랑이기보다 죄를 입증하는 증거인 트레버 노아. 외가에서 그를 몰래 키우다 아장아장 걸어 나간 뒤면 집안은 발칵 뒤집힌다. 들키면 5년 이하의 징역이라 어떻게든 그를 회수(?)해야 한다. 온 식구가 동원되어 빠른 시간 내에 일을 해결하고 한숨 돌린다. 아빠는 일주일에 한 번 정도 집에서 몰래 만나고 길에서는 보모로 위장한 엄마가 뒤떨어져 걷는다. 이렇듯 불편한 족쇄를 장난감 갖고 놀듯 유쾌하게 풀어낸 그의 삶은, 놀랍다기보다 황당함이 도가 넘은 한 편의 연극 같다.

남아공 빈민가의 신산한 일상을 해프닝과 유머로 풀어낸 그가, "나는 따까리일 뿐"이라고 말할 정도로 그의 엄마 역시 날마다 종횡무진이다. 세상 긍정적인 여자가 엉뚱하고 (트레버 자신은 창의적이라 여겼지만) 재밌는 사내아이를 기른 얘기에 녹아들면 고통, 어려움이란 말이 오히려 친근하다. '범죄의 흔적'인 아들. 흑인이 차별당하는 세상에서 숨겨 키우기는 결코 순탄치 않다. 달리는 차에서 뛰어내리기도 하고 눈물 닦아가며 몰래 숨기도 한다. 하지만 그녀는 아들에게 말한다. "과거를 슬퍼하지는 마라. 인생은 고통으로 가득해. 고통이 너를 단련하게 만들되, 마음에 담아두지 마. 비통해하지 마라." 그리고 그녀 자신도 어린 시절의 박탈감, 부모로부터의 배신감, 그 무엇에 대해서도 절대 불평하지 않았다.

고통을 잊는 능력. 그것은 고통스러운 기억이 새로운 도전을 막지 못하도록 유용하게 쓰였다고 트레버는 말한다. "인생이 당신에게 남긴 체험을 너무 심각하게 담아두면 경계를 넘어서고 규칙을 깨지 못하게 된다. 있는 그대로 받아들이고 잠시 운 뒤, 다음 날 개운하게 일어나서 계속 전진하는 편이 낫다."며 고통을 툭, 털어내는 그의 긍정이 놀랍고 부러울 따름이다.

트레버는 미국으로 건너가 정치풍자 뉴스의 진행자가 되었다. 통찰과 위트 속에 묻어나는 사회비판. 아니 그는 비판하지 않는다. 있는 그대로의 모습, "백인 구역 경찰은 셔츠 정장을 입고 흑인이 사는 소웨토에서는 셔츠 대신 진압용 장비로 무장을 한다"고 담담히 말할 뿐이다. 소설보다 드라마틱하고 코미디보다 더한 삶이 스스로를 키웠을까. 탁월한 언변으로, 자극적 표현이나 욕설 없이도 관중을 압도한다. 위기 속에 숨죽여 살았지만 그의 유머는 격이 높다. 슬프지만 배꼽 빠진다. 삶의 상처는 치료하되 감추지 않고 보여 주기. 트레버 노아로서 삶을 대접하는 방식이다.

식민지 시절, 부르기 쉬운 이름을 강요하는 백인 때문에, 원주민들은 그들의 '전통 이름'에 무솔리니, 나폴레옹, 히틀러 등 어디선가 들어본 듯한 유럽식 이름을 대충 붙였다. 아는 이름도 별로 없었거니와 배움을 박탈당한 그들에게 히틀러란, 전쟁을 일으킬 만큼 힘이 센 사람 정도였다. 만델라 시대의 화합으로 트레버와 그의 친구, 힙합 도사 히틀러는 유대인 파티에 초대되었다. 흥이 난 트레버 일행은 힙합스럽게, 쭉 내민 팔을 위아래로 흔들며 춤 신 히틀러를 에워쌌다. 고 히틀러! 고 히틀러! 외치면서 말이다.

음향기기 전원은 후려치듯 뽑혔고 폭발되는 분노 속에 이유도 모른 채 쫓겨났다. '또 인종 차별인가?' 여겨, 굴하지 않고 끝까지 고 히틀러!를 외치며 퇴장했다는 말에 웃음이 뿜어졌다. 하지만 이어진 글에 웃음은 일그러지고 가슴은 저리다.

홀로코스트가 인류 역사상 최악의 잔혹 행위

라지만 아프리카를 유린한 백인들의 행태도 몸서리치도록 끔찍하다. 금과 다이아몬드, 고무에 게걸들려 숫자 지우듯 내쳐진 '검은 생명'의 수는 얼마일까. 그들을 약탈하고 처참하게 학살한 자들은, 나치처럼 자신들이 학살한 숫자를 남기지 않았다. 또한 유대인은 기록했지만 아프리카인은 기록하지 못했다, 기록할 줄을 몰랐다. 담담히 써 내려간 글에 먼 나라 낯선 슬픔이 슬금슬금 비어져 나와 먹먹하다. 그 땅에 태어났다는 이유만으로 신께도 외면당한 삶이었다.

우리는 삶을 선택하지 못한다. 민들레 홀씨처럼 나부껴 어딘가에 닿는 생명 인연. 혹독한 사막 자락에 싹트거나 총알 비 내리는 전장, 또는 밝은 햇살 등에 나른히 내리기도 한다. 선택되어진 그곳에서 그저 흔들리며 버틸 뿐, 어디서건 한 생을 살아내야 한다.

누군가는 죽고 자신 또한 '오늘 살아남음'을 보장 못 해도 사랑을 하고 결혼을 하고 노래를 한다. 죽음과 파괴에도 불구하고, '그럼에도 생을 사랑'한다 전하는 사람들을 본다. 인생이란 그렇듯 살다 보면 살아진다. 트레버의 블랙홀 인생,

범죄의 증거인 아들을 키운 엄마의 인내와 삶의 의지를 보면, 살면서 힘들다 징징댔던 일이 되레 민망하다. 그들에게 그 정도는 아무것도 아닌 일이다. 녹록지 않던 삶이라 여겼는데 그를 만나자 깨갱! 고작 그깟 일로? 꼬리를 내린다. 버겁다는 말이 부끄러울진저.

생을 사랑할 이유는 충분히 많다. 이러저런 일로 마른 바닥의 낙지마냥 고드러질 때 트레버를 초대하자. 현실일까 싶은 눈물 젖은 비통함도 웃음으로 바꿔치는 절묘한 마력에, 울면서 웃는 스스로를 만나게 될 것이다.

인생의 초록불을 놓치기만 할 때 거기에 트레버의 답이 있다. 폭행을 피해 법을 피해 살기 위해 죽어라고 뛰던 그가, 그의 엄마가 '믿'었던 것처럼 빨간불 다음은 초록불이라고, 믿어야 한다. 빨간 경고가 숨 막히게 조여오면 죽을힘 다해 뛰어보기, 어스름한 푸름이 기다린 듯 보일 테니.

살아야 할 이유가 있는 사람은
어떤 방식의 삶이든 견딜 수 있다.
_니체

아만자

 그들의 세상은 상상을 초월한 미지의 세계였다. 스친 적 한 번 없는 생면부지 사람과 소통할 수 있었던 것은 '그럼에도 불구하고' 온몸으로 써 내려간 그들의 투병 기록 때문이었다. 어느 순간 날벼락처럼 부닥친 암이란 벽. 가본 적 없는 낯선 길에서 아득히 막막할 때, 인터넷으로 찾아낸 환우들의 카페와 브런치 사이트에 많이 기댔다. 사람들은 그곳에서 치료 일상을 공유하며 흔들리지 않는 용기와 위로로 서로를 이끌고 있었다.
 아만자. 그 님들은 글 속에서 서로를 그리 불렀다. '암환자'란 말보다 껄끄러움이 한풀 쓰윽

닦여 나간 느낌이었다. 암이란 단어가 빠져서 한결 마음이 가볍다고나 할까. 아만자란 말을 처음 접할 때 엉뚱하게도 방랑자란 단어가 떠올랐다. 아만자와 방랑자의 '자'자가 주는 공명이 같은 느낌으로 다가왔는지도 모른다.

한가롭게 시장을 보던 순간이나 마주 앉아 커피를 홀짝이던 순간, 지극히 평범하나 이제는 할 수 없는 일들. 슬프지만 그런 현실을 받아들이며 치료에 다가서는 아만자들. 일기 같아 미안하다면서도 글을 읽을 환우들 생각하면 스스로 힐링이 된다고 했던가. 마지막 순간까지도 배려란 아름다운 길을 걸어가는 모습에 뭐라 말할 수 없는 떨림, 따스한 감동이 전해졌다.

연인을 두고 떠나는 푸르디푸른 스물의 청춘. 맞잡은 손의 따스한 온기와 함께 어쩔 수 없이 남겨질 그녀의 사랑. 홀로 외로울 그가 새로운 인연으로 행복하게 살기를 진심으로 바랐다. 그래도 한 번쯤은 떠올려주면 좋겠다며 제 욕심이 미안하다는 글을 남겼다. 항암제 투약 주기, 폴피리녹스 처방, 케모포트 시술, 탈모가 왔을 때 등 매 순간 처절한 치료 상황까지도 담담히 글로 써 내려갔다. 같은 일을 만난 다른 이가 자기보다 조금 '덜 헤매면' 좋겠다는 소박하고 커다란 바람에 눈물 어렸다. 예기치 못한 일에 얼마나 혼란스런 삶을 살았을까. 거기에 다른 이를 생각하는 마음이라니.

강원도 산골의 어떤 아만자는 텃밭 가꾸기로 쉴 새 없이 움직이며 덜커덕 다가온 만남을 다스린다. 몇 차례나 되는 항암치료 끝에 반쪽이 된 몸으로 다시 집. 투병 아닌 투병을 시작했다. 치료에 지쳐 걸음 옮기기조차 버거울 때 그는 빗자루를 들었다. 하루에도 몇 번씩, 눈 내리는 마당을 바지런히 쓸면 따로 운동이 필요 없다. 작은 텃밭에 올망졸망 채소를 가꾸며, 아만자가 된 덕분에 평생 처음 가져본 여유를 감사해한다. 어떤 일이 일어남은 꼭 나쁜 것만은 아니라며 환하게 웃는 그이. 사진으로 만나는 초면의 얼굴이 낯설지 않고 마음도 따라 편안해진다.

어떤 이는 질병과의 만남을, 인생길을 걷는 중에 사고 당한 게 아니라 그저 만나진 일이라 했다. 만나기, 내게 참으로 위안이 된 말이다. 만남이란 스쳐 지나가는 것이다. 당함이란 말에는 왠지 억울함과 생채기가 스물거리지만 만남은 그냥 만나면 된다. 오가다 만났을 뿐이니까 헤어지면 되는 것이다. 헤어짐의 모양은 저마다 달라, 누구도 예측할 수 없다. 다만 신의 선택에 따를 뿐.

이순을 훌쩍 넘기며 인생살이 두루 겪었다. 더 내려갈 곳 없는 바닥까지도 닿았었고, 흔들리는 세월 속에 어지간한 세상사는 '안다'고 여긴 철없는 개구리였다. 아만자의 세상은 누군가(그가 신이든 의사이든)를 오로지 바라만 봐야 하는 망연자실의 세계였다. 쌓이는 눈 비질하듯 닥친 일을 해치우지만 순간순간 무중력을 마주하게 되는 제3의 세계였다.

가족이 아만자 일원이 되자 나는 적막과 텅 빈 공허를 마주했다. 끝없는 무력감에 젖어 동굴 속으로 침잠했지만 저 홀로 흐르는 시간이 당혹을 엿어지게 했다. 아만자란 낯선 만남을 받아들이니 동굴에도 실낱같은 빛이 들었다.

"어쩌긴 어째! 그냥 사는 거지" 삶의 내공이 실린 한줄기 말에 끌려 현실에 두 발을 디뎠다. 상황을 회피하기보다 그냥 앞으로 걸어가 보기. 가는 길에 돌에 차이면 툭툭 다시 서고 모랫길이면 빠져도 보리라. 닥친 문제의 답을 지금 여기를 성실히 꽃피우는 것으로 갈음하면 해답이 될까.

　스스로의 고통을 딛고 서서 누군가를 위로하고 다독이는 배려. 돌부리에 걸렸지만 손잡고 앞으로 나가는 아만자, 용기란 마주 볼 수 있는 힘이다. 용기 있는 사랑의 전사들에게 깊고 진한 박수를 보낸다. 아만자도 곁의 사람도 그들만의 최선으로 길을 가리라. 어디선가 들려오는 맑고 편안한 그녀 목소리, 방랑자다. 가만가만 노래를 머금으니 저릿, 온몸에 스며들어 녹는다.

　　그림자 벗을 삼아 걷는 길은
　　서산에 해가 지면 멈추지만
　　마음의 님을 따라 가고 있는 나의 길은
　　꿈으로 이어진 영원한 길

　　방랑자여 방랑자여 기타를 울려라
　　방랑자여 방랑자여 노래를 불러라
　　오늘은 비록 눈물 어린 혼자의 길이지만
　　먼 훗날엔 우리 다시 만나리라
　　_박인희, 〈방랑자〉

그렇다 지구별에 내린 이슬, 우리 모두는 방랑자다. 어디서 왔는지 모르지만 이별에 인연 내린 한 점 이슬이다. 노래하며 기타를 울리며 방랑의 길을 걷는다. 여행자 우리.

빨간 수의

 성글고 거친 누런 삼베, 다른 천과 달리 침묵의 말을 품는 것은 죽음의 잔상 때문이다. 장례식장이 없던 시절에 초상이 나면 빠짐없이 등장하던 삼베. 한낱 천에 불과하지만 내게는 상주 옷이나 두건, 수의가 연상되는 죽음의 도구였다. 삶의 끝에 걸치는 옷 수의. 예전보다 자주 수의에 끌림은 하나둘 떠나는 이가 생기는 일상과 무관치 않다.
 손끝이 야무지지 못한 나는 정리정돈에 서툴다. 어설픈 솜씨 탓에 수선만 피우다 며칠 뒤면 다시 수북이 쌓여 본래대로 된다. 필요 없는 것을 너무 많이 가졌다는 뜻. 묵은 것 정리를 시작했다. 주택은 아파트와 달리 수납장이 적다. 예전 엄마들처럼 장롱 위에 한복 상자를 두었는데 쌓인 먼지를 조심스레 걷어내자 한복이 얌전하니 잘 개켜져 있다.

십여 년 전 큰 행사를 주관하며 입었던 한복도 있다. 단체의 리더였을 때 격식을 갖출 중요한 일이 생겼다. 편한 차림을 좋아하는 나는 정장을 준비해도 잘 입지 않을 게 뻔하다. 어차피 그럴 거면 시댁 대소사를 핑계로 평소 동경했던 한복으로 준비했다. 큰맘 먹고 만든 것으로, 여러 번 유용하게 쓰인 뒤 저리 편히 누워 쉬는 중이다.

붉은 금실의 나비 문양을 아래에 둔 검정치마, 채도 낮은 황금색 자수 저고리, 장식처럼 달린 폭 좁은 빨강 고름이 선명하다. 매끄럽지만 무거운 빛남, 천에서도 질감이 주는 우아함이 묻어난다. 옷을 내려놓고 한참을 지켜보다 가만히 쓸어본다. 만든 지도 오래되었고 이제 입을 일도 별로 없다. 할 수 없이 정리를 할까 생각다가 반짝 생각이 났다. 그래 수의를 하면 되겠구나.

정리하려던 손을 멈추고 다시 옷을 바라본다.

내 마지막의 옷이라 생각하니 마음이 조금 미묘하다. 손의 촉감을 느끼며 쓰다듬다가 이 옷을 입고 누웠을 내 모습도 그려본다. 옷이 고우니 마지막 날의 모습도 그리 싫지 않게 떠올랐다.

뭔 생각인지 인터넷에서 수의를 검색했다. 새삼 놀라운 일은 천차만별의 수의 값이다. 비싼 것은 수천도 하고 싸면 기십만 원이다. 한지로 만든 수의도 있다. 가벼이 떠나기는 종이도 괜찮겠구나 싶지만 가격이 가볍지 않다. 비싼 안동포에서 최저가 안동포, 죽음에도 특가가 있다니. 죽음에 특가라….

수의도 세트로 갖춘단다. 나야 대충 하고 싶지만 식구들 마음 불편치 않게 그도 맞춰야 될 성싶다. 한두 번 신었던 버선도 넣고 속치마와 속바지도 챙긴다. 그리고 손 싸개도 필요하다. 커다란 한복 상자를 방 한 귀퉁이에 놓고 한 가지씩 담는다. 어깨까지 달린 속치마는 머리 위로 입어야 된다. 굳어서 뻣뻣할 텐데 내 마지막을 돕는 분이 불편할까 싶어서 수선집에서 고무줄 넣은 허리치마로 만들었다.

손 싸개는 수선집에 말하기가 좀 그래서 집

에 있는 광목천을 꺼내 든다. 바느질 기억도 가물가물한 이참에 추억 새기며 바느질이나 해야겠다. 버선도 그때는 더 커야 될 것 같아 편하게 감쌀 수 있는 것으로 준비. 기왕이면 천에다 작은 그림이라도 그려볼까. 엄마가 좋아했던 붓꽃이나, 잡초처럼 수수한 게 매력인 여뀌 꽃을 그릴까 생각하다 피식 웃는다. 나도 참 할 일 없는 사람이다.

그러고 보니 머리에 씌우는 면모도 있다. 죽은 뒤에 뭔 입을 것이 이리도 많은지. 이불과 옷으로 싸고 요를 깔고 심지어 베개까지 있다. 지금도 전부 하는지 모르겠지만 아무튼 나는 단순하게 하고 싶다. 관 속에 눕는데 머리까지 씌울 건 뭐람. 내 모습이 그리 곱지 않을지도 모르니 그냥 쓰자. 안 쓰겠다 하면 고집이라 할까. 오락가락하는 중에 아무튼 또 빙그레 웃음이 흐른다. 아니 죽는 게 그리 즐거운 일도 아닌데 뭔 소풍 가듯 물건을 챙기는지.

마무리로 준비한 예쁜 편지 봉투 하나. 이승의 마지막을 정리해주는 염사 분께 드리는 감사의 편지다. 죽은 자가 산 자에게 보내는 편지라

이상하려나. 하지만 내 마음은 인연이 고맙다.

조선시대 중기 수의는 평상복이나 새로 만든 의복을 사용했고 후기에 오면서 염습의 용도로 수의를 만들었다 한다. '생시의 의복 사용'이라는 말이 마른날 소낙비처럼 반갑다. 지금 준비 중인 나와 같지 않은가.

게다가 1900년대 여성의 수의 색깔에 눈이 휘둥그레졌다. 분홍저고리에 남치마라니. 분홍저고리 노랑 삼회장저고리, 남치마 홍치마 등이다. 한복 특유의 화려한 색감이 반갑게 떠오른다. 삼베나 모시 등 조용한 단색이 주된 요즘 수의 속에 새빨간 고름이 달린 나의 수의. 내가 세상 뜬 일로 바쁠 식구들이, 빨간색을 어찌 여길까 걱정했던 기우가 단숨에 날아갔다. 그 아니라도 한 줌 재 되는 마당에 남의 시선이 뭔 대수랴 싶기도 하다. 살아 있지 않을 테니 민망함은 내 몫이 아니라 남은 자의 몫이다. 피식 개구진 웃음이 지어진다.

들리는 말에 수의를 만들 때 저승길에 걸림 없도록 솔기 중간에 실매듭을 하지 않는단다. 내 한복은 올 풀리지 않게 야무지게 꼼꼼히 매듭 더

했을 테다. 그러면 나는 저승길 갈 때 길마다 걸릴 것인가. 노 노 그럴 리가. 꽃상여 없는 세상, 화장하면 매듭은 그날 당장 시원하게 태워질 것이니 걸림 없이 갈 수 있다. 고운 옷 입고 휑하니 가서 저승이 있는지 볼란다.

화장 후에 납골당에 주로 가는데 내 취향은 아니다. 층마다 다른 가격, 게다가 아래윗집 빽빽하게 갇혀 있기는 더 싫다. 풍경 멋진 최고의 펜트하우스, 푸른 하늘 구름 타고 훨훨 넓은 세상 구경 다니련다. 남은 이가 추억할 곳이 있어야 한다고? 본시 추억이란 눈으로 보는 게 아니라 마음에 남는 것. 마음에 자리 못 하면? 그도 별일 아니다. 내가 그리 살았음인데 뭘. 그럼에도 함께할 기억의 장소가 필요하다면, 산과 바다 어우러진 풍광 멋진 다대포에서 한두 곳쯤은 떠올릴 수 있을지도.

그런데 순간 한 생각이 떠오른다. 납골당 반대파의 생각이니 양해하시라. 아파트에 살며 층간 소음 신경 쓰던 사람들이 납골당에 층층이 사는 건 괜찮은가. 아, 조용히 날아다니니 괜찮을지도. 평생 주택에 살며 밤낮없이 자유로웠으니 아래위 없는 넓은 천지 마음껏 다니게 납골당, 나는 반댈세. 그냥 흩뿌려 훨훨 날 수 있기를.

속치마를 입어보고 천을 발에 대어 크기를 재고. 수의 준비가 뭔 좋은 일이라고 여행 준비물 챙기듯 하는 나. 건강검진 뒤에 결과 올 때까지 며칠을 쫄아서 기다리는 소심한 김명숙이 죽음을 이리 담담하고 가벼이 여기다니 뭔 일이래. 어쩌면 아직 아니라고 생각해서, 머언 후일이란 생각에 그런지도 모른다. 바로 내일일지도 모르는데! 살아 있는 우리는 죽음이 당연해도 쉽게 드러내기 껄끄럽다. 삶과 죽음은 순간이지만 맘 편하게 살려면 남 일인 듯 볼 수밖에.

놓고 떠나는 소풍 길에 복잡한 격식 다 소용없다. 마지막 길, 근사하게 차려도 옳게 받지도 못한다, 주머니가 없어서. '죽어 조기보다 살아 명태대가리.' 돌아가신 엄마가 농담 삼아 들려주던 얘기다. 살아생전에 명태대가리 하나가 사후 제사상 조기보다 낫단다. 야들아 지금 맛있는 밥이나 한 번 더 묵자. 조기보다 명태!

조기보다 명태대가리가 낫다는 생각은 변함없지만 알 수 없긴 하다. 죽지 않았으니 누군들

알 수 있을까, 영혼이 아닌 이승의 우리들. 그냥 지금 오! 늘! 하루를 잘~ 살기. 헛둘헛둘!

물 한 방울에 기대어

초판 1쇄 발행 2025년 8월 5일

지은이 김명숙
펴낸이 강수걸
편집 이소영 강나래 이선화 오해은 이혜정 한수예 유정의
디자인 권문경 조은비
펴낸곳 산지니
등록 2005년 2월 7일 제333-3370000251002005000001호
주소 부산시 해운대구 수영강변대로 140 BCC 626호
전화 051-504-7070 | 팩스 051-507-7543
홈페이지 www.sanzinibook.com
전자우편 sanzini@sanzinibook.com
블로그 http://sanzinibook.tistory.com

ISBN 979-11-6861-490-1 03810

* 책값은 뒤표지에 있습니다.
* 잘못된 책은 구입하신 곳에서 교환해드립니다.
* 본 사업은 2025년 부산광역시, 부산문화재단
〈부산문화예술지원사업〉으로 지원을 받았습니다.